dantegebel & lucasleys
asuntos internos
el lado secreto del liderazgo

Editorial Vida®
.com

La misión de Editorial Vida es ser la compañía líder en comunicación cristiana que satisfaga las necesidades de las personas, con recursos cuyo contenido glorifique al Señor Jesucristo y promueva principios bíblicos.

ASUNTOS INTERNOS
Edición en español publicada por
Editorial Vida – 2011
Miami, Florida

Edición: *María Gallardo*
Diseño interior y de cubierta: *Juan Shimabukuro Design*
Foto de cubierta por: *Lifetouch Church Directories and Portraits Inc.*

ISBN: 978-0-8297-5738-5

CATEGORÍA: Iglesia cristiana/Liderazgo

IMPRESO EN ESTADOS UNIDOS DE AMÉRICA
PRINTED IN THE UNITED STATES OF AMERICA

11 12 13 14 ❖ 6 5 4 3 2 1

CONTENIDO

Prólogo 01
por Alberto Mottesi

Me parece un suicidio.

El no ser conscientes de nuestra fragilidad; el escondernos detrás de una fachada de super espiritualidad; el no ser enseñables y no buscar consejo de otros... Para un líder es un verdadero suicidio.

Claro, si a esto le agregamos el no tener la flexibilidad para cambiar de acuerdo a los tiempos, entonces seguro destruimos nuestro liderazgo.

Por supuesto que hay cosas que jamás debemos cambiar, como por ejemplo los grandes fundamentos de la fe bíblica y las claras demandas del Reino de Dios. Pero la forma de transmitir las verdades para ser coherentes con el oído de la generación actual debería estar dispuesta al cambio.

A principios del siglo XX, el conocimiento se duplicaba cada 100 años. Hoy se duplica cada 2 años. Si la globalización y el enorme cambio de la cartografía humana no nos resultan un desafío, entonces tenemos serios problemas.

Luego a esto hay que sumarle el estilo «caciquista» de algunos de nuestros líderes. Este estilo será radicalmente rechazado por una generación que piensa. Recordemos, por favor, que el evangelio no es solo una fe que se siente. El evangelio también es una fe que se piensa.

Los dos son gigantes. Lucas y Dante son dos de mis héroes. Son muchachos que desde una posición bíblica y con un testimonio intachable han sabido meterse en el corazón y el oído del siglo XXI.

Es como tener juntos a Ronaldo y a Messi, a Pavarotti y a Plácido Domingo (aunque los dos son más delgados, por ahora).

Sus reflexiones en este libro deben ser leídas por los líderes emergentes y también por los más adultos como yo. Los más viejitos podrían vivir años de oro si internalizáran las verdades que estos dos modelos de líderes nos están compartiendo.

Gracias, muchachos, por ser sinceros. Por cada «fariseo» que pierdan como amigo, Dios les dará otros mil que, por amor a Dios, desearán por sobre todas las cosas (incluyéndose ellos mismos) ser honestos de corazón y con los demás.

Con este libro le están metiendo un gol de media cancha a Satanás.

Alberto H. Mottesi
Evangelista

Prólogo 02
por Juan Carlos Ortíz

Alguien podría decir que uno es profundo y el otro divertido. Otro podría agregar que uno es elocuente y el otro un excelente escritor. El problema de calificarlos de una u otra manera sería que Lucas y Dante son ambos todas esas cosas. En síntesis, ambos son comunicadores únicos y ambos saben anunciar con astucia, claridad y humor las verdades profundas que les interesan a los líderes de hoy.

A lo largo de mi experiencia con ambos me he asombrado, reído, emocionado y vuelto a sorprender de cómo Dios les sigue levantando como referentes indiscutidos de este tiempo de la historia.

Acerca de Lucas

Conocí a Lucas hace varios años, cuando él estaba ingresando al Seminario Fuller. Era un joven creativo, lleno de energía e inteligente, a tal punto que nuestros nietos lo apodaron *«Súper Lucas»*. Para ellos él podía alcanzar cualquier cosa que viniera a su mente, y sin dudas Lucas tenía un sueño que hoy se ha convertido en realidad y que a otro le hubiera resultado imposible. Su tesis doctoral (y a propósito, Lucas fue el más joven que haya recibido el título de Doctor en Teología del Seminario Fuller y se graduó como el mejor alumno del área de liderazgo entre miles de estudiantes) ha servido como herramienta para entrenar a miles de líderes de jóvenes en todo el mundo hispano y, de hecho, el ministerio de Lucas trajo un cambio total a la forma en que los líderes juveniles son entrenados para cumplir su llamado.

Durante sus años de estudiante en Fuller nuestra casa fue su hogar, y él fue como uno de nuestros queridos hijos. Fue pastor de jóvenes en la Catedral de Cristal cuando yo era el pastor hispano, e hizo un trabajo maravilloso en la formación de cientos de jóvenes, enfatizando en una vida de santidad y de amistad con Dios. Por esta razón, muchos de aquellos jóvenes son hoy hombres y mujeres que se desarrollan exitosamente como ministros y evangelistas.

Lucas y su maravillosa esposa, Valeria, son verdaderos siervos de Dios y diariamente están provocando un gran impacto en el mundo entero.

Acerca de Dante

Durante uno de mis tantos viajes a la Argentina conocí a una persona brillante y talentosa. Me admiraba ver la inteligencia y la espiritualidad de este joven, y mi deseo fue traerlo conmigo a trabajar en la Catedral de Cristal. En mi mente pensaba que nunca aceptaría mi propuesta, ya que no necesitaba trabajo. De hecho, él ya era un hombre exitoso en cada emprendimiento que se proponía, incluyendo teatro, radio, y estadios llenos de jóvenes.

De todas maneras, muchas veces lo invité a ministrar con nosotros. La congregación, mi esposa y yo nos deleitábamos al escuchar la exposición de este joven en sus mensajes.

El tiempo pasó, y la capacidad de Dante para atraer miles de personas a sus encuentros se fue haciendo cada vez más evidente en todo el mundo hispano. Y como para Dios nada es imposible, en el año 2009, por distintas circunstancias preparadas por el cielo, él finalmente terminó siendo el pastor hispano de la catedral.

«Algo histórico está pasando en la Catedral de Cristal» es su lema. Estoy convencido de que tanto el Sur de California como el resto del mundo, nunca serán los mismos debido la fantástica influencia de Dante.

A ambos les digo: *«Firmes y adelante, huestes de la fe. Sin temor alguno que Jesús los ve.»*

Juan Carlos Ortíz
Conferencista internacional

INTRODUCCIÓN

—*Deberíamos escribir juntos un libro acerca de estos temas* —dijo uno de los dos.

—*Pero si lo hacemos, escribamos todo, sin guardarnos nada*—replicó el otro con una sonrisa cómplice.

—*Así es. Todo. Nada menos que todo.*

—*Un libro del que los líderes puedan decir: «¡Es lo que siempre he pensado!» o «¡Qué bueno que alguien me revele esto!»*

—*Me gusta la idea. Empecemos a trabajar.*

—*Nos van a criticar...*

—*Por eso, ¡hagámoslo de una vez!*

El lobby de un hotel en la ciudad de Dallas fue testigo de aquel diálogo. Y, visto a la distancia, creemos que ninguno de los dos jamás confesará a quién se le ocurrió la idea inicial. Quizás sea porque en el fondo ambos teníamos ganas de hacerlo. O quizás porque, mientras que los éxitos tienen muchos padres, de la misma manera los fracasos suelen ser huérfanos, y,llegado el caso, lo mejor es que cada uno pueda decir que la idea se le ocurrió al otro. Sea como sea, podemos también culpar al Espíritu Santo, que es quien en realidad nos motivó a hacerlo. Lo cierto es que en cada evento, convención, congreso o reunión en la que coincidíamos, siempre llegábamos a la conclusión que algún día íbamos a plasmar en papel todo aquello que habíamos visto y vivido desde muy jóvenes. Esas cosas que aún nos siguen sorprendiendo de nuestro ámbito (las buenas y las otras),y esas charlas que solo se producen «detrás de escena» en el liderazgo.

Tenemos mucho en común, y cada año que pasa tenemos un cariño todavía mayor el uno por el otro, pero tenemos misiones diferentes y una visión distinta de cómo llevar a cabo esas misiones. No siempre entendemos lo que hace el otro, y muy probablemente lo haríamos de manera diferente si nos tocara liderar el mismo proyecto que está liderando el otro. Pero ambos estamos convencidos que nos necesitamos mutuamente para alcanzar cosas mayores y ser más eficaces en la extensión del Reino de Dios. Por eso mismo es que siempre nos entusiasmó este proyecto. Estamos expectantes de que llegue a las manos de los líderes de la iglesia de hoy y del futuro, y estamos emocionados de haber trabajado juntos en este proyecto para que no sea una observación desde un solo punto de vista.

Una de las razones de por qué a muchos líderes e iglesias les ha costado tanto practicar la unidad es que la confunden con uniformidad. Estar unidos no es sinónimo de ser iguales ni de estar siempre de acuerdo. Si no entendemos este principio básico es imposible que caminemos juntos,y mucho menos que podamos estar unidos. Dios nos hizo diferentes, y cada uno tiene una marca para dejar en esta Tierra que nadie más puede dejar; eso sucede contigo tanto como con nosotros.

Mira tus manos: allí hay huellas digitales con una forma que nadie más tiene. ¿Por qué? Porque eres especial. Una creación única. Así es que nosotros dos también tenemos estilos distintos. Uno viene del perfil más conservador de la iglesia y el otro del lado opuesto, el carismático. Uno tiende a ser evangelista e histriónico mientras que el otro está más abocado a lo académico y más interesado por el entrenamiento de los líderes. Lo importante es que estas diferencias no nos alejan. Nos diferencian, sí, pero no nos separan. Uno puede hablarle mejor a cierto tipo de personas, mientras que el otro se comunica mejor con otras. Somos diferentes, y justamente celebramos eso para poder estar unidos. Además ¿Quién puede crecer lo suficiente escuchando a un solo predicador? Sería torpe.

Básicamente escribimos este libro porque en cada época a la iglesia le toca volver a identificar qué significa seguir fielmente a Cristo Jesús. Actualmente en muchas partes del mundo la iglesia está siendo perseguida por ser fiel al evangelio. Pero en otras partes, como en hispanoamérica, el problema principal no es la persecución, sino la seducción de una cultura a la que le fascina el poder, la celebridad y el estatus social. A esas tentaciones también tenemos que agregar la influencia que la tradición tiene dentro de la iglesia. En medio de todo esto es fundamental identificar nuestras luchas y desafíos, y justamente de eso se tratan estas páginas. Estamos hartos de hipocresía barata, tradiciones imprácticas y caretas evangélicas, y es por esto que queremos desnudar la verdad de nuestras propias luchas, miserias y victorias. Deseamos hablar descarnadamente de los secretos del liderazgo porque nos duele ver la desconfianza de las nuevas generaciones frente al comportamiento de muchos líderes, y porque al ver surgir un nuevo liderazgo nos urge compartir lo que hemos aprendido gracias a nuestra experiencia e incluso a nuestros propios errores.

Al escribir estas hojas no quisimos malgastar nuestro tiempo y mucho menos el tuyo. En ellas hablamos de diez peleas que todos enfrentamos en el arte de liderar. Es un decálogo de luchas internas que sabemos que son ineludibles si pretendemos ser fieles a nuestro llamado. Son peleas que de seguro te va a tocar enfrentar en el cuadrilátero de la vida cristiana tarde o temprano. Batallas que vas a tener que encarar, y queremos estar de tu lado para que las puedas ganar. El caso es que no bajamos los brazos y creemos en lo que Dios puede hacer con una nueva generación de líderes que se entregue plenamente a Sus planes.

Por todo esto, creemos que este libro no es más de lo mismo. Hemos orado para que el Señor sacuda tu comprensión del liderazgo a través de lo que compartimos en estas páginas, y estamos convencidos que si lo lees con un corazón abierto, una mente despierta y un espíritu de autoevaluación, entonces al terminarlo no serás la misma clase de líder que eras antes.

Lucas Leys y Dante Gebel

Lucas comenta de Dante

Dante es una de las personas más talentosas que conozco. Es un hombre con un carisma tan magnético que creo que en cualquier momento de la historia hubiera encontrado la manera de que lo siguieran multitudes. Ambos compartimos dos pasiones. Por un lado nos interesa la extensión del Reino de Dios, y por el otro siempre nos han apasionado los jóvenes. Dante entiende que los medios son la nueva estrategia de masificación del mensaje de Cristo, y como nadie se ha sabido meter en el corazón de las multitudes a través de la radio y la televisión. Dante mantiene un hambre de aprendizaje y constantemente está reinventándose para llegar a más gente y presentar su mensaje de manera más poderosa. Para mí es un increíble gusto haber podido trabajar con él en este libro. Y aclaro que la idea inicial de hacer este libro se le ocurrió a él.

Lucas Leys

Dante comenta de Lucas

Lucas es uno de los más grandes estrategas en materia de liderazgo. Tiene en su mente una imagen clara de hacia dónde se dirige la iglesia del futuro. Posee una habilidad increíble para formar equipos, alinear talentos, establecer metas y administrar el progreso hacia el logro de la visión. Lucas es una máquina feroz de generar ideas y es el entrenador de líderes más eficaz que jamás haya conocido. Es un forjador de equipos que no deja de sorprenderme, ya que aporta al cuerpo de Cristo la gran hazaña de tener la flexibilidad de ser un constructor de puentes. Tiene una habilidad casi sobrenatural para comprender y pensar fuera del encajonamiento denominacional. Cuando Lucas invita a un evento o propone un libro, por alguna razón nadie se niega. Él lidia con la complejidad del Reino como un niño domina una bicicleta. Lucas proyecta su visión de una manera abrumadoramente clara, entusiasma a los jóvenes, los inspira, celebra sus logros y los hace jugar en las grandes ligas. ¡Yo seguiría a un líder así hasta la tumba! Nos conocemos desde adolescentes, y es un placer compartir estas páginas con mi amigo… Respecto de quién tuvo la idea de escribir este libro, no le crean. ¡Fué absolutamente de él!

Dante Gebel

la hoguera de las vanidades

ambición santa vs vanidad humana

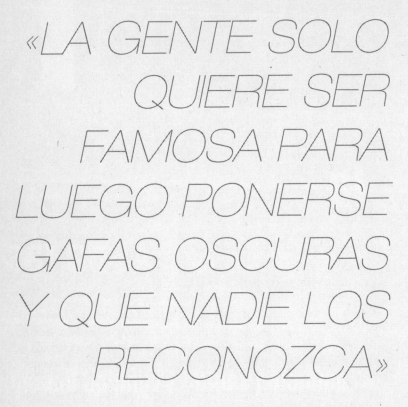

«LA GENTE SOLO QUIERE SER FAMOSA PARA LUEGO PONERSE GAFAS OSCURAS Y QUE NADIE LOS RECONOZCA»

Woody Allen

Dante <escribe>

«Quiero que te acuerdes de mi cara y de mi nombre, porque algún día yo también voy a llenar estadios y vamos a compartir un escenario…». No sé cuántas personas me han dicho esa frase, pero la he oído una y otra vez, en cada nación a la que me ha tocado ir, a través de las redes sociales, por teléfono y por correo electrónico. Y estoy seguro de que me seguirá llegando a través de los sistemas de comunicación que se inventen en el futuro. Como si la meta de «llenar estadios» o el «ser conocido» fueran el éxtasis del ministerio, lo máximo a lo que un líder pudiera aspirar.

Por supuesto, hay muchos otros sueños del mismo tenor: *«Sé que voy a grabar un disco»*, *«Dios me dijo que voy a ser el próximo Presidente de mi nación»*, *«Voy a escribir un libro que será un éxito de ventas»*, y decenas de ejemplos similares. Es muy poco usual recibir un correo electrónico de alguien que sea sincero y diga: *«No tengo idea de en qué podrá usarme Dios, pero si acaso él pudiera hacer algo con lo poco que soy, yo estoy dispuesto a serle fiel y le estaré eternamente agradecido por haberse fijado en mí»*. Una oración hecha así es un bien de lujo que actualmente escasea en nuestro ámbito.

Alguna vez mi amigo, el respetado evangelista Carlos Annacondia, me dijo: *«Hay muchos líderes que están más enamorados del éxito que de las almas»*. Y fue una de las verdades más valiosas que yo haya oído. Lo he comprobado a lo largo de todos estos años de ministerio, al ver que nos hacemos eco de frases como: «El evento más multitudinario», «la cruzada más grande», «la iglesia más relevante», «el líder más ungido», «el disco más vendido», «el libro más agotado», y de todo lo que sirva para acariciar nuestro ego, para hacernos sentir seguros y, por sobre todas las cosas, para hacernos creer que estamos logrando ser populares (y extendiendo el evangelio como consecuencia).

> **✳ LucasLeys <comenta>**
> La confusión entre crecer en popularidad y hacer avanzar el Reino de Dios se ha convertido en moneda tan común que muchos no se dan cuenta de cómo sus palabras revelan que tienen motivaciones totalmente equivocadas

La psicología considera a la búsqueda de fama como un impulso primario de la conducta, y los cristianos no están exentos de ese síndrome. El psicólogo Orville Gilbert Brim afirma que la urgencia de alcanzar reconocimiento social se presenta en la mayoría de las personas, incluso en aquellas a quienes no les resulta accesible, y que sus raíces pueden estar en sentimientos de rechazo, descuido o abandono. Explica que los que buscan ansiosamente fama lo hacen por el deseo de aceptación social, o por encontrar algún tipo de seguridad existencial. Desde su punto de vista, la fama parece ser un bálsamo para la herida que deja la exclusión social.

Toda espiritualidad que se hace autopropaganda ya tiene algo de enfermedad. Aquellos líderes que van por la vida haciendo alarde de sus virtudes estarán siempre a un paso de la catástrofe moral y espiritual. Cuando escuchamos personas que hablan de sí mismas como si se tratara de otra persona, o de un personaje, entonces estamos ante un candidato al desastre. La historia es un fiel testigo de que esto siempre fue así. Por eso es preocupante que haya tantos jóvenes queriendo «llenar estadios», «conmover naciones» o «llegar a la televisión», no porque esas metas estén mal en sí mismas, sino porque es muy probable que su motivación esté totalmente fuera de la voluntad de Dios.

¡Conquistaremos el mundo, Pinky!

Vale aclarar que con esta misma editorial yo he publicado libros motivacionales como *«El código del campeón»* y *«Destinado al éxito»*, en los cuales trato de inspirar a los líderes y a los lectores jóvenes a que procuren los mejores dones, a que no se conformen con la mediocridad, y a que sueñen cosas grandes; pero cuando escucho frases que hablan de «estar ante multitudes» como si se tratara de alzarse con un Oscar de la academia de Hollywood, me doy cuenta de que tal vez haya un concepto que algunos malinterpretaron, o de que por lo menos se saltearon la parte más importante del proceso.

En algún punto los líderes tenemos cierta responsabilidad en esto. En ocasiones, la premura de un mensaje de cuarenta y cinco minutos durante un congreso, o simplemente la arenga en un servicio: *«¡Que Dios cumpla tus grandes sueños!»*, pueden llegar a confundir a las personas si son aplicadas fuera de contexto. Principalmente a aquellos que esperan tomar la identidad prestada del ministerio al que aspiran llegar.

No podemos pretender llegar a la cima ahorrándonos el trabajo de escalar la montaña. La búsqueda intensa de Dios, el precio de sembrarlo todo (en ocasiones hasta las finanzas y los bienes personales) y el deseo de que Dios nos utilice en donde él considere que conviene hacerlo, son condiciones determinantes para que un sueño o una visión puedan ser alcanzados. De otro modo, corremos el riesgo de que solo se trate de un mero proyecto personal.

Hace unos años atrás conocí a un líder prometedor en términos ministeriales. Tenía cierto grado de carisma, lo que parecía ser un llamado claro y enfocado hacia los jóvenes, y se las ingeniaba para hacer eventos en donde mezclaba música de distintos géneros con predicación. Su único «talón de Aquiles» era un notorio deseo de estar haciendo algo «majestuoso e insuperable». En lo personal disfruto mucho la comunicación efectiva y conozco aquello que las agencias de prensa llaman *branding*, que no es otra cosa que el posicionamiento de una marca a través de una buena campaña de promoción dirigida a un público definido, o un slogan pegadizo. Pero en este caso no se trataba de una simple promoción de tipo publicitario, sino que la motivación de este muchacho era demostrar que estábamos ante un nuevo concepto en materia de liderazgo que superaba todo lo conocido hasta la fecha. En ocasiones incluso trataba de demostrarlo subestimando la manera en que otros lo habían hecho antes.

Y lo más triste es que luego de cada evento aparecían las gacetillas de prensa «infladas» con números ficticios, en las que se contaba cómo «toda la historia de un país» había cambiado a partir de su evento, o cómo los continentes enteros pedían a gritos que su ministerio pasara por allí.

* **LucasLeys <comenta>**
Hace unos años me invitaron a un evento en México al cual me habían asegurado que iban a llegar multitudes. Yo fui porque había escuchado el nombre de este líder emergente y siempre me gusta apoyar a líderes que están intentando hacer cosas osadas. No fui pensando en las multitudes que me habían asegurado que habría, aunque una vez allí sí me sorprendí al ver que el número de asistentes no pasaba los 300. Este líder no dejaba de excusarse sobre por qué no estaban las multitudes, así que yo traté de animarlo y

✻ ayudarlo a concentrarse en los que sí habían venido buscando del Señor. Pero mi sorpresa mayor fue cuando, días después, recibí un comunicado de prensa de su ministerio titulado: «¡Avivamiento en México! - Multitudes tocadas por el ministerio de los evangelistas Lucas Leys y *el nombre de este joven*» (que dicho sea de paso ni siquiera había predicado). De más está decir que nunca más acepté sus invitaciones.

Todo esto me hace recordar a dos simpáticos personajes de la Warner que solían decir:

—*Dime, Cerebro, ¿qué haremos esta noche?*

—*Lo mismo que hacemos todas las noches, Pinky... ¡Tratar de conquistar el mundo!*

Lo cómico de la frase no era el deseo de conquistar la Tierra, sino que se trataba de dos simples ratones blancos de laboratorio jugando a ser los grandes líderes del nuevo orden mundial.

Cada vez que recuerdo a este joven siento pena en lo profundo del corazón, porque era uno de los líderes que pudo haber continuado con la noble tarea que otros comenzaron, pero su deseo de ser el mejor, de ganar en los números, o en ocasiones de desacreditar el trabajo ministerial de sus colegas o de quienes lo habían precedido, terminó por marginarlo a la zona gris del ministerio, a aquel lugar en donde quedan «los que pudieron ser...».

Actualmente sigue organizando eventos y contando los dedos en lugar de la gente. Solo que ha perdido su credibilidad, nada menos que la principal condición que debe tener un líder íntegro.

La delgada línea roja

La pregunta del millón es: ¿Cómo podemos diferenciar ambos lados de la delgada línea que separa la ambición santa de la propia vanidad humana? Los líderes luchamos todo el tiempo por no cruzarla, y de todos modos en más de una ocasión nos despertamos del otro lado de la frontera.

Seamos honestos: todos queremos ser personas especiales. A quien diga que solo pretende ser uno más del gentío posiblemente le falten las aptitudes necesarias para ser un líder. Toda persona que posee cierta influencia sobre los demás debe tener una cuota de «ambición espiritual» (si se me permite el término).

El deseo de crecer, de multiplicarse, de llegar a más lugares, de alcanzar a la mayor cantidad de gente posible en el menor tiempo, son algunas de las metas de los que servimos al Señor.

Personalmente debo confesar que me atrae más predicar a cincuenta mil personas que a una veintena, aunque también debo reconocer que disfruto ambas cosas. Sin embargo, no es un secreto que todos queremos ver a miles de personas tener un encuentro con el Señor, y si además, podemos ser los instrumentos para que eso suceda, esto nos hace sentir que estamos ganándonos nuestro derecho a vivir, siendo fieles a nuestro llamado original.

Convengamos en que todos los líderes preferimos el hambre de hacer algo más, que la chatura o la mediocridad del estancamiento.

El problema aparece cuando los líderes tenemos conflictos interiores no resueltos, o una baja autoestima que tiene sus raíces en el pasado y de la cual no hemos podido librarnos, y entonces necesitamos obtener una identidad o sanar nuestra autoestima a través del ministerio. Es entonces cuando el llamado a predicar (en cualquiera de sus formas) ya no nos importa como una misión en sí misma, sino que lo utilizamos para hacer catarsis, o para resolver nuestros sentimientos de baja estima.

Robert De Niro le dijo una vez a un periodista que todos los actores, todos aquellos que se dedican a esa profesión, simplemente lo hacen porque tienen una estima destrozada y necesitan ser una celebridad para poder seguir viviendo. Aunque no me consta que sea la regla general para toda la comunidad de Hollywood, es muy probable que haya muchos casos de estos tanto allí como en nuestro ámbito.

A propósito del tema, cierta vez invité a un popular predicador a nuestra iglesia, y al presentarlo me aseguré de darle la honra que se merecía. No le entregué el micrófono simplemente diciendo su nombre, sino que dediqué unos diez minutos del servicio para decirle a la congregación lo valioso y significativo que era tener a un hombre de semejante calibre con nosotros. Lo hice con la convicción de que como anfitrión era mi obligación honrar a quien nos visitaba, y porque además todo lo que dije acerca de él era totalmente cierto. Luego de una introducción en la que mencioné sus libros, su iglesia y la gente a la que él estaba alcanzado para Cristo, lo presenté en medio de una respetuosa ovación de toda la congregación. Entonces me senté dispuesto a recibir como un niño y esperando un mensaje fresco, ya que llevaba varios domingos predicando y este era mi día para recibir sin la presión de tener que estar pensando sobre lo que hablaría mas tarde.

Para mi sorpresa, el hombre pasó, agradeció mis palabras, y agregó: *«Pero lo que mencionó Dante no es todo...»*. Acto seguido se dedicó (por unos extensos e interminables más de veinte minutos) a contar todo lo que él había hecho y que yo había olvidado mencionar en mi introducción. Su página web era la más visitada, su ministerio era el más sorprendente, su libro era el más vendido, sus redes sociales superaban a las de cualquier celebridad o cualquier político, sus milagros eran incomparables, su inteligencia era desbordante, su gente lo amaba casi lindando con la idolatría, las naciones lo reclamaban más que a ningún otro consiervo... y así continuó enumerando sus virtudes por casi media hora. Luego se apuró para usar los quince o veinte minutos que le quedaban tratando de hilvanar algún mensaje bíblico ante la mirada absorta de toda la congregación que había llegado con hambre de escuchar un mensaje de la Palabra de Dios.

Convengamos en que la gente que había colmado la iglesia ya sabía de quién se trataba, y lo que menos necesitaba era mas autopromoción por parte del invitado en cuestión.

En contraste con esto, durante muchos años he formado parte del equipo del Dr. Luis Palau y he tenido el privilegio de conducir varios de sus festivales evangelísticos. Pero, en cada noche que me tocaba presentar a Luis, por más que lo intentara, casi nunca podía yo mencionar alguna de sus cualidades ministeriales porque el mismo Palau corría hacia donde yo estaba (¡literalmente lo hacía!), me quitaba el micrófono y decía: *«Bueno, bueno... este Dante exagera al hablar de mí; realmente solo soy un simple predicador que les robará unos pocos minutos de su tiempo. ¡El que realmente es un gran predicador es Dante Gebel! ¿Cuántos lo aman y están contentos porque él nos vino a conducir el festival?»*. ¡Era increíble! El orador de la noche trataba de honrar a quienes apenas lo secundábamos, y esa humildad, casualmente, le otorgaba más grandeza. La gente estaba allí porque sabía quién era Palau, y hubiera sido un despropósito si al pasar al escenario él dedicara media hora a hablar de sus logros ministeriales o personales.

Por cierto, aquel día que invité a ese otro predicador me quedó la decepción de querer escuchar más de la Biblia... ¡Si hubiera querido saber más acerca del hombre, simplemente hubiera visitado su página web!

La motivación correcta

Con el correr del tiempo me he dado cuenta de que si nuestra autoestima no está sana, en algún momento nos va a traicionar y terminará empañando el ministerio que Dios nos entregó.

No estoy hablando de la falsa modestia, ni de la tontería de cuidar que en un afiche aparezca más grande el nombre de Jesucristo que el nuestro, ni de la estrategia que elijamos para hacer publicidad de un evento o de nuestro propio ministerio. Me refiero a lo que sucede cuando aún no tenemos resueltos ciertos conflictos que terminarán drenando nuestro futuro y nuestro trabajo para el Reino de Dios.

---

* LucasLeys <comenta>

El ministerio no puede ser la oportunidad para tomarnos revancha contra la pobreza o la falta de oportunidades de nuestra niñez. Yo no tengo ningún problema con el confort y la seguridad económica, pero me da mucha tristeza cuando veo pastores que «necesitan» que se vea que hoy viven una vida de lujo para demostrar que Dios les ha prosperado. Si luchamos con la pobreza o el rechazo o el abandono cuando éramos niños, no podemos estar compensando eso con el ministerio sin ponerlo a los pies de la cruz.

La Biblia es clara respecto a este tema puntual cuando el apóstol Pablo le escribe a la iglesia de Roma y los exhorta diciendo: *«Por la gracia que se me ha dado, les digo a todos ustedes: Nadie tenga un concepto de sí mas alto que el que debe tener, sino mas bien piense de si mismo con moderación, según la medida de fe que Dios le haya dado» (Romanos 12:3).* Las Escrituras no dicen que debas tener un concepto bajo de ti mismo, ni tampoco alto, sino una imagen descarnada de lo que realmente eres.

Siempre menciono que hay tres ópticas de ti mismo: cómo te ven los demás, cómo te ves tú, y cómo realmente eres. Esta última es el concepto exacto que debemos tener de nosotros mismos, conociéndonos con nuestros aciertos y errores, nuestras cualidades positivas y nuestras miserias. Ese es el eje que nos mantiene en perfecto equilibrio entre la humildad y la estima sana. Quienes exponemos nuestra intimidad ante Dios y conocemos a fondo nuestras miserias no tenemos manera de enorgullecernos solo porque la providencia divina nos coloque frente a una multitud. Nuestra vida privada es la que nos mantiene conectados a la torre de control. La vida pública es solo una consecuencia de esto.

Cuando yo era soltero y escuchaba a un líder casado decir: *«¡No deben caer en tentación! Si estás de novio, pídele ayuda al Señor. Si la carne es débil, ¡llena tu cabeza con algo más útil!»*, recuerdo que pensaba: *«Él simplemente lo dice porque ya está casado y puede tener relaciones íntimas con su mujer todas las veces que quiera... ¡él ya resolvió su problema hormonal!»*. Y creo que es probable que ahora mismo estés leyendo este capítulo y digas: *«Tú hablas de no enamorarse del éxito porque ya predicaste ante multitudes. Ya lo viviste y no quieres que yo también lo viva. ¡Pero ahora es mi turno!»*. Así que, para que notes que no se trata de una confabulación en tu contra, quiero hacerte un par de aclaraciones pertinentes al caso.

Yo sí quiero que se levanten predicadores de multitudes. Deseo que muchos de nuestros líderes ganen premios, sean relevantes en la sociedad, promuevan una nueva cultura, sean formadores de opinión, manejen cadenas televisivas y logren ser personajes influyentes. De hecho, ¡ojalá Dios permita que tú seas uno de ellos! Al fin y al cabo, eso es lo que predicamos y por lo que oramos durante años. Lo he proclamado en cuanto lugar Dios me ha permitido hablar y me ha prestado los oídos el público. Una y otra vez le he dicho a esta generación que se anime a llegar a lugares en los que hace unos años ni nos hubiéramos atrevido a pensar.

Por eso quiero dejar claro que el problema no reside en tener un sueño grande. Lo patético es que tu motivación sea la equivocada o, lo que es peor, que ni siquiera estés dispuesto a pagar el precio para que ese gran sueño se haga realidad.

Si quieres «llenar un estadio» solo porque te gustaría verte allí, en medio de la ovación y rodeado de flashes fotográficos, lo más probable es que nunca alcances ese sueño porque Dios no tiene nada que ver en el asunto. Es solo una ambición como aquella que puede tener una niña de llegar a ser bailarina, o un muchacho de llegar a ser astronauta. Solo que en este caso la ambición personal está disfrazada de reverencia.

Necesitamos sincerarnos de forma brutal y decir: «*¿Por qué quiero ser famoso? ¿Por qué necesito ser importante?*». Y si la respuesta es porque queremos mostrarle a los demás que Dios nos usa, entonces debemos regresar a las bases de manera urgente.

¿Cuántas veces hemos oído decir a alguien: «*Ya Dios me va a levantar y les va a tapar la boca a los que no creyeron en mí*»? Aunque, como en el caso de José, algún día quienes te vendieron se inclinen ante ti, o como en el caso del salmo de David el Señor «*aderece mesa delante de ti en presencia de tus angustiadores*», tu motivación sigue siendo incorrecta. Dios no va a levantarte para calmar tu sed de venganza o de revancha ante los demás. Como dije al principio, la línea es demasiado delgada, pero no deja de ser una frontera importante que no deberíamos cruzar.

Teoría y práctica

La pregunta clave que todos los líderes tendríamos que hacernos es: Nuestra relación personal con Dios, ¿es proporcional a lo que esperamos obtener en nuestro ministerio? Esa es la pregunta que me hago una y otra vez al leer los cientos de cartas que llegan a nuestro ministerio diciendo: «*Fui llamado a cosas muy grandes*».

Supongamos que estamos de acuerdo y que fuiste elegido para las grandes ligas. ¿Estás entrenando espiritualmente para formar parte del equipo? ¿O esperas un toque del dedo mágico del destino?

Es un hecho que no podemos vivir de «espiritualidad prestada», así que si crees que vas a ser usado por Dios para llegar a miles solo porque te lo anunció un profeta que llegó de visita a tu congregación (y de esos hay más de los que te imaginas, que reparten ministerios al mejor postor) o porque te lo dijo tu pastor, debo decirte que eso no cuenta. Dios no tiene nietos. No puedes vivir sustentado en la historia de alguien más, o en aquello que Dios le dijo a otra persona acerca de ti. Necesitas tener tu propia historia con el Señor.

Tampoco podemos aparentar lo que no tenemos. Personalmente admiro a algunos ministerios de sanidad, y me sorprenden aquellos hombres de Dios que convocan a cruzadas de milagros y oran por los enfermos con una naturalidad sorprendente. Pero yo no puedo ni siquiera tratar de imitarlos si es que no fui llamado puntualmente a eso.

El apóstol Pablo nos dice que la verdadera causa por la cual Moisés usaba un velo no era solo para tapar el resplandor de su rostro, sino que lo usaba porque la gloria se le estaba yendo. La Nueva Versión Internacional dice: *«No hacemos como Moisés, quien se ponía un velo sobre el rostro para que los israelitas no vieran el fin del resplandor que se iba extinguiendo»*, en otras palabras, no podemos simular aquello que no tenemos solo en el afán de cumplir nuestro sueño personal. Tenemos que tener la integridad de decir: «Señores, el rostro ya no me brilla, ya pueden mirarme a los ojos». Pero en vez de eso jugamos a simular que aún estamos ungidos y que emanamos un resplandor que en realidad ya no tenemos.

Estoy de acuerdo con soñar en grande, siempre y cuando no se mezclen en ello nuestros deseos personales. Hemos conocido a muchos líderes que pusieron su libido en el ministerio y obtuvieron una «licencia» para hacer lo que no pudieron lograr en el ámbito secular.

Hace un tiempo publiqué en mi Facebook una anécdota ficticia que produjo una revolución de comentarios, muchas sonrisas y varios enojados (que por cierto es lo que suele suceder cuando osamos tocar algunas «vacas sagradas», como los adoradores y salmistas de las iglesias). Pero no dejaba de reflejar ciertas verdades que suelen estar a la vista. Mi ejemplo era un tecladista, pero pudo haber sido un evangelista, un pastor, un líder de jóvenes o un maestro de Escuela Dominical. El cuento era el siguiente...

Un niño le dice a su padre:

– Papá, ¿tú sabes la diferencia entre «teoría» y «práctica»?

– Por supuesto, pero puedes averiguarlo por ti mismo. Pregúntale al tecladista de la iglesia si sería capaz de abandonar el ministerio y tocar para el mundo...

– ¿Y eso qué tiene que ver con mi pregunta?

–Tú hazme caso –le dice el padre.

Así que el niño va y le hace la pregunta al tecladista, el cual responde muy enojado y con mucha seguridad:

– ¡Jamás! ¡Mi talento es solo para el Señor!

– Muy bien –le dice el padre al niño–, ahora pregúntale si sería capaz de abandonar el ministerio y tocar para el mundo si un cantante mundano le ofreciera 50.000 dólares por cada concierto.

El niño regresa a donde está el tecladista y le pregunta si sería capaz de abandonarlo todo y dedicarse al mundo a cambio de 50.000 dólares por cada concierto. El tecladista duda un instante y luego dice:

– Bueno... por cincuenta mil... tendría que pensarlo y ponerlo en oración...

El niño entonces regresa con su padre y este le dice:

– Hijo, paso a explicarte la diferencia entre «teoría» y «práctica»: En teoría, en la iglesia tenemos a un tecladista consagrado y enfocado en el ministerio. Pero en la práctica... ¡tenemos a un hipócrita encubierto que se prostituye a la primera oferta!

Aunque, insisto, la historia es inventada, nos deja una clara imagen de aquellos que están en el ministerio simplemente porque no se les han abierto las puertas seculares. Y nos deja ver que en estos casos la motivación real no es la extensión del Reino, sino una pasión más oculta. La vela que mueve su barco no son las almas sino su realización personal.

Empapados en aceite

El último punto que debemos tener en cuenta es si estamos dispuestos a pagar el precio que se necesita para aquello que sentimos que es nuestro llamado.

Si aspiramos a disfrutar los beneficios de la unción, debemos soportar las molestias de la unción. En Salmos 133:2 se menciona aquel versículo casi poético que ha sido la inspiración de varias canciones: «Es como el buen aceite que, desde la cabeza, va descendiendo por la barba, por la barba de Aarón, hasta el borde de sus vestiduras». Pero en realidad este versículo hace referencia a que los antiguos sacerdotes debían pasar por lo menos un día y una noche entera totalmente impregnados en aceite. No se trataba de un pastor poniéndote un dedito de aceite en la frente, cuidando de no tocarte el cabello o correrte el rímel de los ojos, según el caso. Ellos tenían que empaparse en aceite, soportando durante el día las altas temperaturas del medio oriente (¡literalmente se freían!) y durante la noche el efecto refractario que hacía que se congelaran de frío. Recién despúes de todo esto podían considerarse ungidos. Cuando veo esta historia no puedo evitar pensar que en algún punto hemos subestimado el llamado a servir a Dios. La palabra «unción» se ha malutilizado a tal punto que «el más ungido» es quien tiene la página web más visitada, el evento con más artistas, la iglesia más grande, el que tiene más programas de televisión, o el más excéntrico a la hora de predicar.

¿Estamos dispuestos a ver morir nuestros sueños personales en pos de que Dios nos use en lo que él crea conveniente? ¿Estamos listos para sacrificar nuestros propios anhelos y esperanzas? El Apóstol hizo un balance de su vida personal y llegó a la conclusión de que no valía un solo centavo, y de que su única meta era cumplir la misión encomendada:

«Sin embargo, considero que mi vida carece de valor para mí mismo, con tal de que termine mi carrera y lleve a cabo el servicio que me ha encomendado el Señor Jesús, que es el de dar testimonio del evangelio de la gracia de Dios». (Hechos 20:24)

Pero aun fue por más. No solo afirmó que sus sueños personales no tenían valor, sino que todo lo que él pudo haber logrado ¡era comparable a materia fecal!

«Es más, todo lo considero pérdida por razón del incomparable valor de conocer a Cristo Jesús, mi Señor. Por él lo he perdido todo, y lo tengo por estiércol, a fin de ganar a Cristo» (Filipenses 3:8)

LucasLeys <comenta>
Ese capítulo entero de la carta de Pablo a los Filipenses es una genuina obra de arte. Los líderes emergentes deberían aprenderlo de memoria, los líderes en la mitad de la vida tendrían que revisarlo concienzudamente, y los líderes cerrando sus últimos años de ministerio deberían usarlo para enfocar sus últimos esfuerzos.

Supongo que además de quienes nos aprecian y sienten cariño por Lucas y por mi persona, debe haber algún lector escéptico que haya llegado hasta este punto del libro diciendo: «*¿Pero qué los autoriza a ustedes a criticar?*». Si ese es tu caso, quiero que me permitas responderte. Lo único que nos autoriza es nuestra propia torpeza... lo cual técnicamente transforma a este libro en una saludable autocrítica.

Yo también he cruzado esa delgada línea en varias ocasiones y muchas veces confundí el deseo de hacer algo extraordinario para Dios con mi propia vanidad humana. Agradezco a Dios porque él se encargó de hacerme regresar a tiempo en más de una ocasión, y hasta algunas veces me dejó tropezar solo para que aprendiera la lección. Es más, he aprendido que la santidad no es un sitio al que uno puede llegar algún día, sino que es un trayecto a lo largo del cual se hace camino al andar. Por lo que no descarto que en algún momento del resto de mi vida vuelva a cruzar la línea divisoria, pero estoy seguro de que el Señor me traerá de regreso como lo ha hecho siempre.

Dios nos libre de estar cerca de la flojedad de los liberales y del estrechamiento neurótico de los legalistas. Que él nos permita encontrar el saludable equilibrio, con una estima sana y la humildad extraordinaria que proviene del Espíritu Santo.

Es un hecho que él no tiene problema con que seamos reconocidos, entrañablemente queridos o despiadadamente criticados a causa de quién representamos.

La fama puede ser nuestra, pero la Gloria es suya.

Y el día que aprendamos a reconocer la diferencia seremos un poco más sabios y, por sobre todas las cosas, nos evitaremos grandes dolores de cabeza.

mi respuesta a este capítulo:

_____

_____

_____

_____

_____

_____

_____

_____

_____

_____

_____

_____

_____

_____

_____

_____

_____

_____

_____

2

líderes a la deriva

foco obligatorio vs golpes al viento

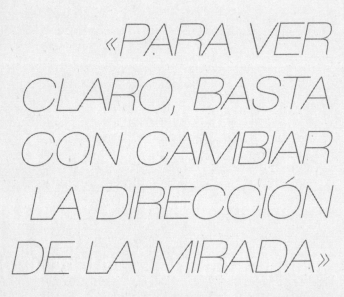

«PARA VER CLARO, BASTA CON CAMBIAR LA DIRECCIÓN DE LA MIRADA»

Antoine de Saint–Exupéry

Lucas <escribe>

«Ningún ministerio es más importante que el que Dios te llama a hacer» Así me dijo el enorme Mike Yaconelli, con sus ojos saltones, luego de que le conté que una iglesia muy grande en Estados Unidos me había ofrecido contratarme como pastor principal por muchísimo dinero y yo dudaba entre decir que sí o dedicarme a comenzar Especialidades Juveniles. La frase se me clavó en medio de la sien. La pregunta entonces no debía ser cuál era la mejor oportunidad, o si era más conveniente ser pastor de esa iglesia o no, sino a qué era que me estaba llamando Dios. En ese entonces el ministerio que hoy lidero era tan solo un sueño, y por lo tanto era mucho más lógica la idea de decir que sí a esa oferta. Pero el propósito de Dios para mi vida era lo que determinaba lo correcto o incorrecto de la decisión. No era el contexto. No era el dinero. No era la popularidad que alcanzaría con una u otra alternativa. Era el propósito de Dios lo que debía definir mis acciones. Y mirando esa experiencia en perspectiva, la lección aprendida en aquella ocasión ha condicionado mis pasos desde entonces.

Todo lo que decidamos hacer en el liderazgo cristiano debe tener un propósito claro desde el punto de vista de Dios, y no simplemente estar calibrado con sus propósitos generales como «que tengamos una vida de adoración» o que «cultivemos el estudio de su revelación». Además de todo esto, lo que hacemos debe estar sintonizado con la frecuencia de su plan específico para nosotros.

Por eso me entristece (o alarma) cuando veo tantos ministerios probando siempre nuevos perfiles, o veo tantos eventos sin propósitos claros que solo se hacen «porque está bueno» o «porque queremos traer a tal» o porque quieren lograr una convocatoria más grande que otros o simplemente porque había que hacer algo y no se detuvieron a pensar por qué motivos hacerlo. Veo líderes de años que solo actúan basados en sus emociones, o en sus tradiciones, o que solo navegan por el ministerio reaccionado a circunstancias externas sin tener nunca una convicción interna de hacia dónde se dirigen.

Sin un destino definido estamos de paseo. A la deriva. En la rotonda. Estamos luchando con molinos de viento. No progresamos. Y tarde o temprano otros lo van a notar.

Comenzando por los propósitos de Cristo para la iglesia

En el *top ten* del vocabulario evangeloide de los últimos años sin dudas aparece esta palabra: Propósito. Escuchamos hablar de propósito en todo evento cristiano que se precie, pero me doy cuenta de que todavía no entendimos la importancia de tener propósitos claros.

DanteGebel <comenta>

Estoy convencido de que el mejor regalo que podemos darle a la gente es un líder enfocado. En materia de liderazgo, no hay nada más atractivo que seguir a alguien que es consecuente y congruente con la dirección de su llamado. Me ha tocado visitar algunas iglesias durante varios años, en las que cada vez que yo llegaba el pastor estaba en una «onda» diferente. «Ahora estamos implementado el G12», me decía exultante como si hubiera descubierto la fuente de la eterna juventud. Al siguiente año había abandonado ese sistema y estaba incursionando en los «congresos proféticos». Poco más tarde, metía a la iglesia en diferentes multiniveles de negocios porque eso «bendecía financieramente a la gente». Esto lo afirmaba mientras dedicaba cuarenta minutos del servicio para explicar que todos podían hacerse millonarios vendiendo productos orgánicos. La última vez que acepté su invitación ya gran parte de la congregación se había ido, obviamente, desapareciendo. No hay nada que desgaste más la energía y subestime tanto el tiempo de las personas como un líder fluctuante que maneja su ministerio con el método de prueba y error.

No voy a inventar la pólvora ahora. Rick Warren y mi amigo Doug Fields de la Iglesia de Saddleback en California, popularizaron hace unos años la idea de que, basándose en las escrituras, la iglesia debía estar enfocada en cinco propósitos eternos, y de que es en el cumplimiento de estos propósitos que puede evaluarse la madurez de un ministerio y también la de una persona. La fuente escritural de estos principios o propósitos es lo que se conoce como «el gran mandamiento» y «la gran comisión»:

«—"Ama al Señor tu Dios con todo tu corazón, con todo tu ser y con toda tu mente" —le respondió Jesús—. Éste es el primero y el más im-

portante de los mandamientos. El segundo se parece a éste: "Ama a tu prójimo como a ti mismo." De estos dos mandamientos dependen toda la ley y los profetas». (Mateo 22:37-40)

«Por tanto, vayan y hagan discípulos de todas las naciones, bauti-zándolos en el nombre del Padre y del Hijo y del Espíritu Santo, ense-ñándoles a obedecer todo lo que les he mandado a ustedes». (Mateo 28:19-20)

Para estos autores, los principios fundamentales que surgen de estos versículos son:

1. Adoración – (Que yo y otros podamos conocer a Dios más de cerca)

2. Ministerio – (Que yo y otros podamos demostrar el amor de Dios)

3. Evangelismo – (Que yo y otros demos testimonio de quién es Cristo)

4. Comunión – (Que yo y otros gocemos de relaciones interpersona-les sanas)

5. Discipulado – (Que yo y otros obedezcamos la voluntad de Dios)

Podemos formularlo de otra manera o con diferentes palabras, pero yo coincido con Rick y Doug. Revisando la palabra de Dios, sobre todo las enseñanzas de Jesús, se hace claro que en esa dirección es que debe-mos apuntar nuestro liderazgo. Si hay un interés que debemos mantener y que va a santificar nuestras actividades y decisiones, es el de influen-ciar a las personas de manera que amen más a Dios, sirvan a otros, hablen de Jesús, tengan relaciones sanas y hagan la voluntad de Dios.

Pero también analicemos un efecto escondido: Si no tenemos estos propósitos claros, si una actividad o una decisión que tomamos en el liderazgo no se conecta con alguno de estos cinco propósitos definidos por el mismo Cristo, entonces otras motivaciones e ideas incorrectas van a venir a cumplir el rol de estos propósitos. Justamente ahí es donde tener estos propósitos bien grabados en la mente y en el corazón no solo nos ayuda a agradar a Dios, sino que también nos protege de perseguir motivaciones equivocadas y de hacer cosas sin sentido.

DanteGebel <comenta>

Cada tanto solemos hacer entrevistas a personas que se alistan para ser voluntarios en nuestro ministerio. Y siempre la primera pregunta que les hacemos es: *«¿En qué crees que eres bueno? ¿Qué crees que has nacido para hacer?»*. Por lo general se quedan sin respuesta. La mayoría supone que suena más espiritual decir: *«Yo puedo hacer cualquier cosa que me pidan»*, y aunque puede que sea una señal de humildad, también demuestra que no se han especializado en nada. Son aprendices de todo y maestros de nada.

Es por eso que definir tu llamado o foco ministerial comienza con los propósitos de Cristo para la iglesia. Muchas veces me encuentro con jóvenes que quieren saber la voluntad específica de Dios para sus vidas o quieren discernir el llamado de Dios para ellos, pero todavía no han comenzando a hacer lo que *ya saben* que Dios pretende de nosotros en general. Comienzan haciendo eventos o subiéndose a un púlpito porque les resulta atractivo hacerlo, o porque «alguien lo tiene que hacer». Toman la batuta de un ministerio porque son los más simpáticos, o tocan la guitarra porque son el hijo del pastor, pero no tienen en claro qué es lo que quieren lograr. Deciden hacer un congreso porque fueron a un congreso y les gustó lo que vieron, deciden ser líderes de alabanza porque les gustaría ser cantantes famosos o porque les gusta cómo Hillsong mueve a las masas, o quieren ser pastores porque les seduce el poder y el rol de decirle a la gente lo que tiene que hacer. Por eso es fundamental poner los propósitos a los que Jesús nos convoca en claro para todos los líderes cristianos. Ese es el punto de partida, porque sin apuntar a los intereses de Dios no es posible ser un líder cristiano eficaz a los ojos del cielo.

Definiendo tu foco personal

Para dejar de ser líderes a la deriva, lo siguiente es enfocarnos en aquello que responde a nuestro llamado y diseño. Me gusta poner estas dos palabras de la mano porque creo que tu llamado tiene que ver con aquello para lo que fuiste creado desde que fuiste concebido en la mente de Dios.

El Apóstol Pablo nos escribe lo siguiente: *«Dios nos escogió en él antes de la creación del mundo, para que seamos santos y sin mancha delante de él. En amor nos predestinó para ser adoptados como hijos suyos por medio de Jesucristo, según el buen propósito de su voluntad, para alabanza de su gloriosa gracia, que nos concedió en su Amado».* (Efesios 1.4-6)

Este es uno de mis pasajes bíblicos favoritos. Nos da la idea de que Dios nos tenía en sus planes aún antes de nacer, y de que desde que fuimos concebidos fue disponiendo circunstancias y oportunidades que fueron definiendo quiénes somos, y por eso todo ese diseño de su creación tiene que ver con lo que él nos llama a ser (más que a «hacer»). Pero te hago una aclaración bien tajante: Eso no quiere decir que Dios tenga un plan detallado para tu vida. No señor. Él tiene una voluntad detallada en la Biblia (los 5 propósitos), y te diseñó a ti con tendencias del carácter, genes familiares y circunstancias particulares, pero también te dio libre albedrío y por eso también es tan importante tu propio criterio a la hora de definir tu foco personal.

Partiendo de los propósitos generales de Dios, y revisando tus sueños, las inquietudes que traes desde la niñez, y tus reacciones personales a necesidades que ves a tu alrededor, es que vas entonces definiendo en qué especializarte. A partir de ahí es tú responsabilidad ver hasta dónde puedes llegar.

Por eso es que al comienzo de tus días ministeriales es lógico que haya un periodo de exploración y vayas de a poco tomándole el gusto a tu llamado. En el lenguaje de los mercadólogos, encontrar tu «nicho» de servicio es todo un arte que lleva su tiempo. Pero una vez encontrado, te debes especializar.

Si quieres alcanzar el éxito en el ministerio y en la vida no puedes estar siempre haciendo cosas diferentes sin comprometerte con ninguna. Debes tomar muy en serio tu llamado. Sea que sea al pastorado, a la abogacía, a la industria, al arte o a las finanzas, si Dios te llama a algo te toca hacerlo bien y cada vez mejor. No importa si otros tienen un llamado más espectacular o mejor recompensado a los ojos de los hombres. Si ese es tu llamado no hay nada más importante que puedas hacer con tu vida. Es TU vida y no puedes desperdiciarla intentando agradar a los demás o copiando a otros. Es imposible sentirnos realizados comparándonos con alguien más o haciendo las cosas para imitar o competir con otras personas. No podemos hacer todo. Tenemos que empeñar nuestro mejor esfuerzo en algo que nos apasione, y siempre asegurarnos de estar siguiendo los intereses de Dios al hacerlo.

El respetado Charles Swindoll, en su clásico libro «Cómo vivir sobre el nivel de la mediocridad» nos escribe: *«No conozco técnica más valiosa en la persecución del éxito que la simple y tenaz determinación por el perfeccionamiento»*. Sus palabras hacen eco con una frase mucho más antigua, atribuida a Aristóteles, que decía: *«la excelencia no es un acto sino un hábito»*. En otras palabras, en vez de hacer un poquito de todo hay que hacer de todo por ese poquito que nos toca. Debemos luchar enfocados en aquello que consideramos vital para nuestras vidas y además fijarnos que podamos ayudar a otros mientras lo hacemos.

En síntesis: Si ningún ministerio es más importante que el que Dios te llama hacer, entonces todo depende de cuál sea tu diseño y no tiene caso comparar lo que te toca hacer con lo que le toca a otros.

El evento del año y otras de esas tonterías

Una de las facetas en las que más se nota si un líder o un ministerio tienen propósitos claros es cuando realizan eventos especiales. Mirando entre líneas las publicidades y los comunicados de prensa se puede descubrir bastante acerca de a quién quieren impresionar o a quién están tratando de imitar. O, peor, se puede notar que *no saben* a quién quieren impresionar.

En los últimos años, por ejemplo, me he encontrado en América Latina con varios líderes jóvenes que quieren imitar a Dante en su manera de conducir su ministerio, e incluso recuerdo el caso de uno que se las arregló para ser presentado en un evento como «el nuevo Dante Gebel». Si bien yo lo conocía desde hacía tiempo, nunca lo había escuchado predicar, así que me dispuse a hacerlo para conocer mejor su ministerio. Con esa presentación yo me imaginaba que iba a tener un estilo humorístico y una lengua muy ágil (como todos conocemos que Dante tiene) pero definitivamente ese no era su don... Salí decepcionado, pero no porque este líder no fuera un buen orador, sino porque con esa presentación y su intento de emular a Dante en su manera de manejar su imagen, este joven lleno de pasión y potencial estaba lastimando su ministerio. Él se había hecho conocido por organizar eventos cristianos creativos en lugares inesperados, los cuales habían estado funcionando muy bien, pero al pretender crear una imagen de gran predicador no solo estaba lastimando su ministerio sino que le estaba robando sus verdaderos dones a la iglesia.

> *** DanteGebel \<comenta\>**
> Siempre admiré a Lucas. Él tiene una capacidad estratégica extraordinaria y es un forjador de equipos increíble. Mientras que a mí me cuesta horrores encontrar gente que pueda trabajar en nuestro ministerio, él los halla con la misma facilidad que si buscara un chino en Pekín. Y tal vez esa sea una de las razones por las que Especialidades Juveniles ha crecido tanto. Por eso, cada vez que nos encontramos, disfruto el tiempo en que podemos intercambiar experiencias y anécdotas. Él suele bromear mucho acerca de mi perfil pentecostal, y yo hago lo mismo con su perfil de hermano libre. Pero lo cierto es que cuando sale el tema de algunos otros líderes que cometen el error de no enfocarse en su llamado específico, ambos nos quedamos muy serios y pensativos… Nos invade un sentimiento de tristeza profunda mientras decimos: «¡Qué pena! Tiene tanto potencial para sumar al Reino, y lo desperdicia tratando de vivir la vida de alguien más». Estos no son tiempos como para darnos el lujo de perder buenos líderes, ¡así que lo sentimos literalmente como una baja militar!

Algunos al leerme hablando de eventos podrían preguntarme cómo escribo esto si yo hago muchos eventos en diferentes partes de América Latina. Es que el problema no está en hacer eventos sino en hacerlos sin metas definidas que estén sintonizadas con las intenciones de Dios y con nuestra habilidad. Los eventos son estrategias, y la pregunta que deberíamos hacernos siempre es: ¿estrategias para qué? Y aquí vuelvo a una verdad que es bueno repetir y poner bien alto: *Si no hay propósitos santos, habrá propósitos pecaminosos.* Sí. Eso es lo que ocurre cuando no tenemos un foco claro.

Los eventos no pueden ser un fin en sí mismos. A Dios no le impresiona cuántos hagamos ni cuánta gente venga, pero sí le impresiona si conseguimos lo que él nos encargó y estamos honrando la manera en que él nos diseñó. Por eso dejo de prestar atención cuando veo publicidades de eventos en las que lo que se resalta es tan genérico y subjetivo como «el evento del año», o aquellas que repiten siempre las mismas palabras («Extremo», «Pasión», o «Avivamiento», por ejemplo) o los casos en que para publicitar un evento se atacan otras iniciativas.

Aunque, por supuesto, a veces no es un problema del evento sino de la publicidad, pero también es parte de la responsabilidad del líder el poner claro el foco: hacia dónde vamos y qué pretendemos lograr.

Ya se que se trate de pastores, evangelistas, organizadores de eventos o empresarios, los líderes eficaces no son gente que se dedique a hacer de todo un poco según le convenga a la ocasión. En el mundo complejo de hoy, los líderes más sobresalientes son *especialistas*. Tienen un foco definido y, si bien permanecen sensibles a las necesidades que hay a su alrededor, tienen en claro qué es lo que pueden y deben hacer y qué es lo que no, independientemente de lo que los opinólogos digan.

✱ DanteGebel <comenta>

¿Te has puesto a pensar que si hubiera más líderes enfocados en su llamado, no existirían los celos ministeriales? Pues, ¿qué razón habría para envidiar el ministerio de un colega si su enfoque es completamente distinto al nuestro? Un sabio predicador solía repetir una frase muy acertada cada vez que alguien le preguntaba sobre otro ministerio. Él decía: *«Hijo, no tengo tiempo ni quiero perderlo en mirar los ministerios ajenos. Bastante trabajo me cuesta ser yo y cuidar mi propia santidad como para andar fijándome en como cuida el otro la suya».*

Atajos y tentaciones

Por supuesto es mucho más fácil *escribir* lo que acabo de compartirte que *ponerlo en práctica*, ya que siempre habrá nuevas tentaciones y oportunidades de desenfocarse.

Otro de esos momentos importantes de elección personal como el que describí al comenzar el capítulo lo tuve hace unos años, luego de hablar en una importante convención en inglés en la ciudad de Charlotte, Estados Unidos. Me habían invitado a predicar en una de las plenarias principales de la *National Youth Workers Convention,* con más de cinco mil pastores profesionales de jóvenes en lo que entonces era el principal evento de capacitación interdenominacional en inglés en los Estados Unidos. Predicar ante ese tipo de público ya puede poner ansioso al más profesional de los oradores, pero hacerlo en otro idioma seguro que le agrega su cuota extra de nerviosismo. Así que yo estaba muy expectante pero acepté el desafío, y esto fue recompensado con una increíble reacción positiva por parte del público que se notaba en las caras y expresiones durante el mensaje, y que culminó en un caluroso aplauso final. El resultado de la experiencia no fue solo que me quedé feliz por haberla sobrevivido exitosamente, sino que comencé a recibir más y más invitaciones para predicar en inglés en iglesias y eventos por todo el mundo. Muy pronto estaba predicando en Chicago, San Francisco, San Diego y Atlanta en eventos de habla inglesa en los que, además, me estaban dando ofrendas mucho más grandes que las que me daban en eventos hispanos en Estados Unidos o en América Latina. Estaba hablando a miles de jóvenes y líderes de jóvenes, lo cual es mi pasión, pero algo estaba mal... Insisto: no es que estaba mal lo que estaba haciendo, sino que estaba mal que *yo* lo estuviera haciendo, aunque me costó tener en claro por qué. Volviendo a pensar en mi diseño y mi llamado personal y en las oportunidades que Dios me había dado, se me fue haciendo evidente que Dios me había dado una carga por el mundo hispano y no el angloparlante, y que me había dado una oportunidad que hasta el momento ningún latino había tenido, que era terminar un doctorado en el Seminario Teológico Fuller, el seminario más grande del mundo, haciendo una especialización en Ministerio Juvenil.

Durante años yo había investigado sobre la juventud de Latinoamérica y el trabajo que las iglesias hacían al discipular adolescentes y era el único en mi conocimiento que había podido hacer esa clase de investigaciones en el mundo latino. Por esa razón no era correcto tirar eso por la borda para dedicarme al mundo angloparlante solo porque este me diera mayores oportunidades de crecimiento y remuneración económica. Me di cuenta que había otros en el mundo que podían hacer lo que yo hacía en inglés, pero que en el mundo hispano no había hasta entonces un ministerio continental que equipara y conectara a líderes de jóvenes, y que yo había tenido una oportunidad única para prepararme a nivel universitario para hacer eso y no podía desaprovecharla. Así que por eso decidí dejar de aceptar invitaciones para predicar en inglés. Al principio fue raro. No sabía qué decir sin quedar como pedante o indiferente, pero de tanto decir que no, pronto dejé de recibir invitaciones frecuentes. Hoy me alegro de haber entendido que algo que era bueno y tenía que ver con los propósitos de la iglesia y que incluso era cercano a mi pasión, se había convertido en una tentación a desenfocarme de lo que era el nicho al que había decidido dedicarme. Y eso es algo que ningún líder se puede permitir.

mi respuesta a este capítulo:

_____

_____

_____

_____

_____

_____

_____

_____

_____

_____

_____

_____

_____

_____

_____

_____

_____

_____

_____

3

el «dios» de la cajita feliz

originalidad demandante vs el poder de las modas

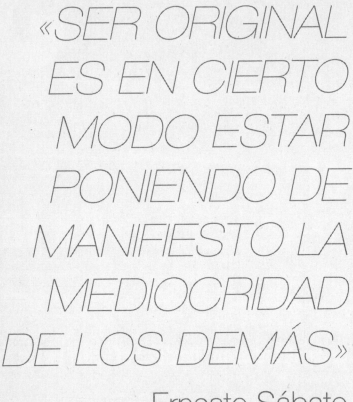

«SER ORIGINAL
ES EN CIERTO
MODO ESTAR
PONIENDO DE
MANIFIESTO LA
MEDIOCRIDAD
DE LOS DEMÁS»

Ernesto Sábato

Dante <escribe>

De tanto en tanto los cristianos somos partícipes involuntarios de las nuevas oleadas que sacuden la cotidianeidad del Reino. Las teologías novedosas, los ministerios extravagantes, los nuevos métodos de crecimiento o las tendencias musicales, polarizan a la mayoría de las congregaciones. El ministerio que no se ajusta a la moda definitivamente quedará «obsoleto» o, lo que es peor, será catalogado con alguna frase espiritualoide del tipo «está en contra del mover de Dios».

Recuerdo cuando en los años ochenta todo se «demonizó» y cualquier situación merecía el título de «tiene el espíritu de *tal cosa*». La haraganería, la rebeldía, el simple hecho de cambiarse de iglesia, y hasta la soltería, todo significaba que se trataba de un espíritu territorial que había poseído a la persona en cuestión, y que esta necesitaba liberación.

✱ LucasLeys <comenta>
¡Yo llegué a escuchar a gente aparentemente seria hablar del «espíritu de bostezo»! Evidentemente al pastor de turno no le gustaba que su congregación se le durmiera durante la predicación…

Los cristianos salíamos de cacería de brujas (no sé porqué razón de vez en cuando nos encanta hacerlo) y hasta era divertido descubrir que «el creador de los Pitufos había hecho un pacto con el diablo», que «las canciones de la célebre brasileña Xuxa estaban inspiradas en el infierno», y hasta fuimos por más: la consigna era tomarse el trabajo de dar vuelta las cintas de los cassettes cristianos para descubrir con horror que aquello que al derecho decía *«Cristo te alabo»*, al revés parecía decir: *«obala et otsirc... uci... er...»*. ¿Uci... er...? ¡¿Acaso esto último querría decir «Lucifer»?! No estábamos del todo seguros, pero ante la duda no faltaron quienes salieron a ofrecer seminarios en los que podíamos escuchar con nuestros propios oídos las incongruencias de alguien cantando al revés, y en los que cada uno podía entender lo que quisiera, para luego quemar cada cassette sospechoso de tener algún contenido subliminal, ya que supuestamente algunos cantantes habían hecho un pacto diabólico para vender ¡más de trescientas copias! (porque, que yo recuerde, nadie en aquella época se alzó con un disco de platino, así que si hubiera sido verdad aquello del pacto diabólico, o ni siquiera valió la pena el esfuerzo de grabar al revés, o bien Satanás no cumplió con su parte).

Luego llegó la unción, las caídas en masa, y, como un efecto colateral, las conferencias dedicadas a las tomas de ciudades y mapeos espirituales. Decenas de ministros foráneos llegaron para enseñarnos cómo hacer que una ciudad entera colapsara bajo el poder de Dios. Algunos hasta contrataron un helicóptero para rociar su ciudad con aceite, otros más humildes se conformaban con dar algunas vueltas a la plaza principal, y cuando creíamos haber descubierto casi todo, fue entonces que comenzó la movida profética... Decretos y profecías eran repartidos a granel en los cientos de congresos proféticos que se organizaron a lo largo y ancho del continente.

Tiempo después vinieron los apostolados. No tardamos en conocer «el modelo de los doce» (organizado con el mismo formato que los populares multiniveles de negocios, solo que en vez de vender hierbas digestivas había que sumar gente) y el que no tenía una célula (espiga, barca, barquito, racimo, tribu, casa de paz, hogar, monte, fruto o el nombre que cada iglesia quisiera otorgarle) literalmente estaba en rebeldía con la autoridad. O te conseguías tus doce, o estabas fuera.

A la vez, y de forma paralela, se han movido las tendencias musicales. La alabanza originada en México inundó el continente de la noche a la mañana. Todo el mundo cantaba las mismas canciones detrás de un teclado, y me consta haber visto a muchos imitar el tono azteca solo para estar en la onda. Poco después llegó una nueva aplanadora desde Australia, y entonces todo volvió a cambiar. El teclado pasó a un segundo plano y fue el momento de colgarse una guitarra acústica, vestir unos jean gastados y dejar atrás los viejos salmos para darle paso al pop.

Ahora bien, antes de que alguien queme este libro en una hoguera por el simple hecho de que me he atrevido a tocar algunas «vacas sagradas», quiero dejar en claro que estoy seguro de que la mayoría de estos fenómenos fueron inspirados por el Señor. La demonología existe, y las profecías, la unción y los apostolados forman parte de todo el consejo de Dios que merece y debe ser predicado. Lo mismo con la música. Estamos agradecidos que de vez en cuando se renueve el aire y podamos salir de la rutina. De otro modo aun seguiríamos cantando aquellos viejos himnos tradicionales con los que algunos de nosotros nos criamos.

Con lo que no podemos estar de acuerdo es con aquellas cosas que se convierten en la moda del momento, exacerbándose por encima de todo lo demás.

El punto es que no estamos discutiendo si el Señor realmente se está transfigurando en el Monte para mostrar su esplendor apareciendo junto a Moisés y Elías. Eso solo puede ser originado por Dios y no está sujeto a discusión. Lo que no podemos aprobar es la idea de Pedro de construir tres enramadas para quedarnos a vivir allí. No podemos polarizar ni mucho menos monopolizar el mover genuino de Dios.

Recuerda que herejía no es solo aquello que no está en la Biblia, sino también las doctrinas que se sacan fuera de contexto.

Siempre digo que creo en un Dios que quiere prosperarnos. Pero si por casualidad te congregas en una iglesia donde todo gira en derredor de la prosperidad y cada mensaje apunta solo a eso, te recomiendo que huyas por tu vida y encuentres una iglesia donde se predique todo el consejo de Dios, completo.

LucasLeys <comenta>
¡No podría estar MÁS de acuerdo con esta recomendación!

Fuegos no autorizados

Seguramente debes recordar aquel pasaje de Levítico 10:1-3 en el cual los hijos de un sacerdote ofrecieron una ofrenda que desagradó al Señor y que terminó en tragedia.

«Pero Nadab y Abiú, hijos de Aarón, tomaron cada uno su incensario y, poniendo en ellos fuego e incienso, ofrecieron ante el Señor un fuego que no tenían por qué ofrecer, pues él no se lo había mandado. Entonces salió de la presencia del Señor un fuego que los consumió, y murieron ante él. Moisés le dijo a Aarón: «De esto hablaba el Señor cuando dijo: "Entre los que se acercan a mí manifestaré mi santidad, y ante todo el pueblo manifestaré mi gloria."» Y Aarón guardó silencio».

La historia de por sí es aterradora y nos deja sin palabras. Los muchachos ofrecen un fuego extraño, son eliminados al instante, y la única reacción del padre es quedarse callado (lo que a las claras denota que no fue un accidente sino la consecuencia de algo mal hecho).

Muchas veces he tratado de pensar cuáles pueden haber sido las razones por las que Dios se enfadó tanto, y por qué a la hora de juzgarlos no pesaron sus buenas intenciones. Cualquiera de nosotros diría: *«Bueno... es innegable que es un fuego extraño, pero convengamos en que por lo menos están haciendo algo para Dios, y lo están haciendo de corazón, que es lo más importante».* Pero definitivamente Dios vio mas allá de esas escuálidas razones humanas.

Lo primero que se me ocurre, y casi lo más obvio, es que pudieron haber estado en pecado al ofrecer la ofrenda, y esa bien pudo haber sido una razón valedera para semejante castigo. El Señor había sido muy explícito respecto de este tema:

«El Señor le dijo a Aarón: "Ni tú ni tus hijos deben beber vino ni licor cuando entren en la Tienda de reunión, pues de lo contrario morirán. Éste es un estatuto perpetuo para tus descendientes, para que puedan distinguir entre lo santo y lo profano, y entre lo puro y lo impuro, y puedan también enseñar a los israelitas todos los estatutos que el Señor les ha dado a conocer por medio de Moisés"». (Levítico 10:8-11)

Aunque no sea lo medular de este capítulo, no quisiera pasar por alto el detalle de que no podemos pretender ser líderes y jugar con Dios. La cosa es seria. Los que reconocemos la extrema santidad y la gloria de Dios sabemos también de su extrema peligrosidad. El simple hecho de estar cerca de Dios nos exige pagar un precio, y no estoy hablando de nuestra salvación, la cual recibimos solo por su gracia. Me refiero a que debemos pagar el precio de la santidad para poder tener una comunión íntima con él. Y así como nadie puede estar medio soltero y medio casado, nadie puede ser medio santo y medio pecador. Dios nos exige una integridad absoluta, y nos ofrece la sangre de su Hijo para que podamos alcanzarla.

Una vez escuché a un predicador decir: *«Cuando hablo del Dios del Antiguo Testamento siento que estoy predicando sobre un viejito enojado y con muy mal humor que luego en el Nuevo Testamento se terminó ablandando y endulzando».* ¡Esa es la peor óptica que podemos tener acerca de Dios! Él nunca ha cambiado, y sus principios son idénticos desde hace millones de años. A diferencia de nosotros, ¡él no se ajusta a las modas de turno!

El mismo Dios de los escuadrones de Israel y de las múltiples batallas es aquel que volcó las mesas de los mercaderes en el templo cuando se percató de que muchos no podían entrar con sus ofrendas por el simple hecho de no haber comprado un animal en el mismo lugar o por no tener la moneda correcta. Nunca te confundas. No des por sentado el modelo del «Cristo débil» que nos impuso cierto sector del catolicismo o la industria del cine. El mismo que eliminó a los hijos de Aarón es el que desbarata la cueva de ladrones de los cambistas del templo. El mismo Dios que escribió en la pared de Belsasar es aquel que no permitió que Ananías y Safira le mintieran al Espíritu Santo.

Las páginas blancas que separan un Testamento del otro solo marcan 400 años de silencio divino. Nunca subestimes a Dios suponiendo que se transformó en un pusilánime en el trayecto de Malaquías a Mateo, porque el día que lo subestimes dejarás de temerle, y un líder sin temor de Dios es la peor catástrofe que puede sucederle al Reino.

Brasas de otro lugar

Otra de las razones que pueden haber desatado la ira de Dios es que el fuego no haya sido tomado del altar, ya que él había indicado: *«luego tomará del altar que está ante el Señor un incensario lleno de brasas, junto con dos puñados llenos de incienso aromático en polvo, y los llevará tras la cortina»* (Levítico 16:12). Si el fuego no era tomado directamente del altar, entonces era considerado extraño.

En todos estos años como evangelista he presenciado decenas de fenómenos espirituales en distintas partes del mundo. He presenciado iglesias donde la gente imita los gestos y los sonidos de distintos animales, congregaciones donde la gente no puede mantenerse en pie ni por un momento, líderes que no pueden controlar su risa durante horas, y gente que da vueltas en círculos hasta marearse y caer estrepitosamente al suelo, entre muchas otras cosas. Me ha tocado predicar en iglesias donde todos danzaban de alegría y en otras donde todos lloraban desconsoladamente esperando el día del rapto. Y aunque todas estas iglesias se diferencian por denominaciones, doctrinas y hasta culturas, tienen algo en común: todas se adjudican el mérito de tener «el verdadero mover de Dios».

Con toda esta información adquirida luego de tantos viajes, lógicamente al arribar como pastores a la Catedral de Cristal nos preguntamos junto a mi esposa qué clase de iglesia queríamos tener. La soberanía de Dios tendría la última palabra, esto era obvio, pero nosotros debíamos tener en claro hacia dónde estábamos apuntando.

No tuvimos que pensarlo demasiado: queríamos una iglesia que tuviera un fuego originado en la genuina presencia de Dios. Sin manipulación humana, y sin la intervención de ninguna moda o tendencia doctrinal. Queríamos una iglesia con el genuino fuego del altar. No quiero «ayudar» a que Dios se mueva. No quiero meter mi propio ADN en la visión de la congregación.

En todos estos años he aprendido que lo importante no es caerse al suelo sino qué es lo que la gente hace cuando se levanta. ¿De qué nos sirve tener un montón de gente temblando o cayéndose durante la reunión del domingo si luego viven en adulterio el resto de la semana? ¿De qué vale tener una multitud de jóvenes danzando en círculos si no pueden ser libres de las redes de la pornografía?

Siempre he sostenido que Dios respeta la estructura emocional de cada persona. En cierta ocasión, el Señor se definió a sí mismo como *«el Dios de Abraham, el Dios de Isaac y el Dios de Jacob»*. El mismo Dios, pero con un trato diferente hacia cada uno de sus siervos. No podemos pretender que el Señor haga lo mismo con todas las personas, y mucho menos podemos ser tan negligentes de querer «importar» ciertos movimientos de otros países.

No estoy haciendo un juicio de valor respecto a las formas que cada iglesia tiene para celebrar sus servicios. Estoy seguro de que un cubano no canta igual que un canadiense. Y que un norteamericano no adora del mismo modo que lo haría un dominicano. Pero aún por sobre nuestras culturas debemos preguntarnos qué es lo que produce en nosotros un verdadero cambio de vida.

Necesitamos que nuestras iglesias tengan el fuego genuino de la convicción de pecado de la que le hablaba el apóstol Pablo a la iglesia de Corinto cuando les decía: «si uno que no cree o uno que no entiende entra [a la iglesia]... los secretos de su corazón quedarán al descubierto. Así que se postrará ante Dios y lo adorará». (1 Corintios 14.24-25)

El postrarse sobre su rostro era una señal de humillación extrema. Lo importante, entonces, no es saltar, rugir como un búfalo, temblar, gritar desaforadamente o deslizarse por el suelo de la iglesia como un reptil. Lo medular, y lo único realmente importante, es que el corazón de la persona quede expuesto, lo oculto salga a la luz, y solo le reste adorar con una convicción profunda de su necesidad de arrepentimiento.

El carbón que enciende el fuego es la vida interior, lo que ocurre en secreto dentro de la persona. Una vida de integridad proviene del fuego originado en su presencia. No importa tanto lo que esté sucediendo por afuera. No sé qué estás pensando ahora, pero en lo que a mí respecta, no hay un solo día de mi vida en que no le pida al Señor tener un ministerio así.

✳ LucasLeys <comenta>
Recomendaría también a nuestros lectores asirse de la Biblia. Muchas de las modas y los moveres son originados por falta de Palabra. Al no haber revelación y conocimiento, entonces hay que inventar algo para mantener a la gente interesada. Está claro que no todos tenemos los mismos dones ni el mismo llamado a la enseñanza, pero de cualquier manera la Biblia debe jugar un rol fundamental en nuestros ministerios. Y entonces seremos menos presas de la tentación de «ayudar al Espíritu Santo».

Pequeñas fogatas a gusto del cliente

Tal vez no fue la doble vida de los muchachos ni el hecho que tomaran fuego de fuera del altar lo que provocó sus sentencias de muerte. Quizá se trató de un «ligero» cambio de planes a la hora de preparar la ofrenda.

Dios había sido muy claro respecto a la manera en que debía prepararse: *«No ofrezcas sobre ese altar ningún otro incienso, ni holocausto ni ofrenda de grano, ni derrames sobre él libación alguna».* (Éxodo 30:9)

Y por si esto fuera poco, el Señor había determinado hasta el aroma que el incienso debía tener, *«un incensario lleno de brasas, junto con dos puñados llenos de incienso aromático en polvo…».* (Levítico 16:12)

Todos recordamos la tristemente célebre historia de Uza, quien de alguna manera fue víctima de la negligencia y la subestimación de las leyes por parte del rey David al intentar traer el arca a Jerusalén a su modo. Una vez más, esto demuestra que cuando Dios traza directivas puntuales, las buenas intenciones no logran equilibrar la balanza. Quizás los hijos de Aarón cometieron el mismo error, pensando: *«Tal vez podamos preparar el incensario a nuestra manera»*.

Si aún no entiendes por qué pensar así pudo haber sido una torpeza, entonces echa un vistazo a los fariseos y a los judíos que trataban de meter a Cristo en su pequeña «cajita feliz». Lo etiquetaban de revolucionario, pero él afirmaba que había que darle al César lo que le correspondía. Decían que era un simple carpintero, pero él dejaba boquiabiertos a los doctores de la ley. Era un judío, pero se relacionaba bien también con los gentiles. Un rabino que prefería las calles a las sinagogas. Un hombre santo que se codeaba con prostitutas.

Tal vez el hecho de no haber podido etiquetarlo fue la razón por la cual decidieron llevarlo a la cruz. Les resultaba más que obvio que este Mesías que hablaba con samaritanos y sanaba en el día de reposo no era el que estaban necesitando.

Y aún hoy, nosotros seguimos con la idea de meter a Cristo en nuestra pequeña cajita. Una pequeña cajita que nos hace felices. Algunos líderes siguen buscando un dios del tamaño que les conviene, un dios que les resulte cómodo, hecho a su forma, que no moleste demasiado y que se pueda utilizar en algún caso de emergencia.

Así como algunos llevan una estampita con un «dios de bolsillo» al que acarician de vez en cuando, o tienen un dios de yeso en algún estante, o un dios pegado al parabrisas del automóvil para que los ayude a prevenir accidentes, muchos cristianos también hacen sus pequeñas fogatas dedicadas a un dios más utilitario y ajustado a su conveniencia.

Un predicador sin conciencia nos dice por televisión que si pactamos por determinada suma de dinero, entonces indefectiblemente vamos a prosperar. Es como si dijera: *«Acabo de descubrir el secreto de Dios, lo metí en una cajita, y te lo vendo por la módica suma de una siembra de cien dólares si llamas ahora mismo»*. Lo patético no es el predicador sino las miles de personas que compran su «próspero» dios de bolsillo.

Un teólogo es en general más profundo que el ejemplo anterior, pero puede ser igual de patético. Luego de extenuantes estudios en seminarios bíblicos, él cree que ha logrado reducir a Cristo a un puñado de doctrinas. Piensa que encontró la receta de cómo funciona, piensa y decide Dios. Y dado que para este teólogo Dios es una receta, es obvio que él también tiene los ingredientes. Así que todo lo que él no haya estudiado acerca de Dios, no proviene de Dios. Todo lo que él pueda razonar, si puede buscarle una explicación lógica y si no afecta lo que el estudió, tendrá su visto bueno. Todo lo demás es lisa y llanamente apostasía. Sin grises, y sin otorgarle el beneficio de la duda a nadie que no comparta su manera de pensar. Después de todo, así funciona su pequeña fogata.

Un evangelista que realiza cruzadas de sanidad afirma que él tiene la unción para que te sanes y que solo necesitas tener fe. Según él, ese es el único cóctel que produce sanidad. Sin más vueltas. Eso resulta y tiene el cien por ciento de efectividad. Si asistes a la cruzada y no te sanas, ¿adivina quién fue el que falló? La unción de este hombre nunca estará en tela de juicio, y Dios seguro quería sanarte, ¡así que para la próxima intenta tener un poco mas de fe!

Y así podría seguir con mil ejemplos más... Lo cierto es que el predicador de la televisión no puede decirnos que si damos diez, Dios está obligado a darnos mil. Tampoco el teólogo puede racionalizarlo todo porque Dios no tiene socios. Y el sanador no puede asegurarte un milagro que solo depende de la soberanía de Dios y disimular el hecho de que en ocasiones no es ni tu fe lo que cuenta.

No podemos otorgarnos el crédito de tener la receta para «generar» un movimiento divino. No podemos preparar un incensario a nuestro gusto y capricho.

Tristemente he visto cómo muchos ministros han malgastado el presupuesto de su congregación pagándose boletos de avión a distintas partes del mundo para «traerse» la unción, sin tener en cuenta que lo que Dios decidió hacer con alguien no necesariamente lo repite con el resto. O cómo otros imitan gestos y hasta formas de vestir de quienes admiran, llegando al borde de la idolatría (¡porque no hay otro modo de entender por qué suponen que la unción estará emparentada con el color del traje!).

LucasLeys <comenta>
También es importante notar que estas costumbres pueden «funcionar» a corto plazo, dando por resultado que la gente siga a un nuevo ministro. Pero obviamente no impresionan ni a Dios ni a la gente más madura, y a largo plazo quien imita a otros termina siendo siempre número dos.

Dios no es una moda, y cada vez que alguien ha querido fabricar «moveres de Dios» en serie ha fracasado rotundamente. No seamos tan necios de querer construir enramadas en donde solo debe haber adoración genuina.

No podemos meter en nuestras categorías humanas al creador del universo. Es imposible siquiera intentar etiquetar a Aquel que levantó las montañas y alineó los planetas.

Recuerdo haber leído cuando era adolescente un pequeño libro que se titulaba *«Naciste original, no mueras siendo una copia»*, y creo que es la frase que mejor se aplica a este punto. Tenemos la obligación espiritual de aceptar el reto de la originalidad demandante de Dios, aquella que se origina en el altar de su presencia.

Todo lo demás, a veces ni califica como para ser llamado «un fuego extraño». En ocasiones termina siendo un simulacro que ni siquiera es fuego, es solo un chiste...

mi respuesta a este capítulo:

_____

_____

_____

_____

_____

_____

_____

_____

_____

_____

_____

_____

_____

_____

_____

_____

_____

_____

4

lo que te **trajo** hasta aquí
no te **llevará** hasta allá

creatividad obsesiva vs tradición religiosa

«LA INNOVACIÓN ES LO QUE DISTINGUE A UN LÍDER DE UN SEGUIDOR»

Steve Jobs

Lucas <escribe>

Hace unos años escribí que ser diferentes es una manera de honrar a Dios por su diseño, y hoy lo creo más que cuando lo escribí originalmente. La creatividad es obligatoria si queremos ser dignos hijos del creador del universo y diferenciarnos del resto de sus criaturas a las que se les dio la limitada capacidad de actuar por instintos. Si lo analizamos con detenimiento, al menos en la superficie los instintos son muy parecidos a costumbres que se transmiten de generación a generación y, perdón por la referencia, pero así es que muchos «animales» han hecho siempre lo que les vieron a hacer a sus padres sin nunca razonar si habrá o no una manera mejor de hacerlo.

En mi caso, siempre que escuchaba predicaciones que mencionaban el famoso versículo de Colosenses 2:8 yo pensaba (en gran parte porque eso me decían las predicaciones) que con estas palabras el apóstol Pablo se refería a cosas mundanas que nada tenían que ver con la iglesia. El texto dice:

«Cuídense de que nadie los cautive con la vana y engañosa filosofía que sigue tradiciones humanas, la que va de acuerdo con los principios de este mundo y no conforme a Cristo».

Pero hoy creo entenderlo mejor. Esa vana y engañosa filosofía que sigue tradiciones humanas tiene también sus versiones bautistas, pentecostales, aliancistas, asambleístas e incluso no denominacionales. Se encuentra en nuestras iglesias agazapada en acostumbres que llevan años y que nadie se ha animado (o a nadie se le ha ocurrido) cuestionar. Está detrás de métodos, liturgias, formatos y horarios que inventó un misionero o una monja (no sabemos) pero que seguimos respetando y hasta venerando porque «siempre fueron así».

La creatividad es determinante, entonces, para que no sean las costumbres las que nos guíen o limiten. Tiene que estar en nuestra lista *top* de prioridades para que siempre estemos razonando respecto a cómo hacer mejor las cosas y, sobre todo, ser siempre compañera inseparable de nuestra misión. Si hilamos todavía más profundo, a medida que aumente la comprensión que tenemos del evangelio y su relación con el contexto en el que lo presentamos, nos iremos dando cuenta de que tenemos un mensaje dinámico que posee un variado calidoscopio de significados que ofrecer. El evangelio de Jesús abre inexploradas capas de compresión de la realidad y revela emocionantes facetas de realización y relevancia que cada generación necesita conocer. Por eso la creatividad es sagrada.

Enseñando tenis en Barrio Norte

He contado por todo el continente la lección que aprendí al enseñar tenis a niños muy pequeños en la zona de Palermo en la ciudad de Buenos Aires, Argentina. Cuando entré en la universidad, milagrosamente el Señor me regaló la posibilidad de enseñar tenis en jardines preescolares. Digo milagrosamente porque aunque me sabía las reglas y algunas cuestiones técnicas, era horrible para jugar ese deporte. Pero, necesitado de trabajo, un día me animé y empecé a dar clases en un jardín de infantes de la zona norte de Buenos Aires, un área donde todos viven en edificios. Esta escuelita no tenía un campo de deportes, así que llevamos a los chiquitines de 4 y 5 años a unas canchas de tenis que estaban un poco lejos. Al estar ya acomodados en la cancha, les dije a mis alumnitos que corrieran libremente por donde quisieran, pensando que eso enseguida les iba a gustar. Pero con sorpresa observé que estos niños daban vueltas en un radio muy pequeño, y algunos incluso daban vueltas sin moverse de su lugar. Les repetí que corrieran libremente, y recuerdo que algunos empezaron a dar vueltas a mi alrededor. Al ver esto les indiqué de forma más específica que corrieran hasta la red o hasta la pared, y así lo empezaron a hacer. Entonces me di cuenta de algo... Estos eran niños que vivían en edificios, en una zona de Buenos Aires que es puro cemento, y habían aprendido a correr dentro de las salas de sus casas, no al aire libre. ¡Estaban acostumbrados a correr alrededor de la mesa del living o del comedor! Los pobrecitos se habían acostumbrado a correr de una manera determinada, y ante esta nueva libertad no sabían hacer algo diferente. ¿Te suena conocido?

* DanteGebel <comenta>
El apóstol Pablo nos llamó «colaboradores de Dios» (2 Corintios 6:1), y esto no significa que a Dios le falten ideas o que necesite ayuda, ¡sino solo que él disfruta de nuestra colaboración! La mayoría de las personas piensan que deben tener una relación robótica con Dios. Tienen una perspectiva unidimensional de lo que es colaborar con Dios, y se limitan a dar vueltas en círculo porque creen que «esa es la voluntad de Dios». Lo cierto es que fuera de Cristo nuestra obra no está completa, y su obra en la Tierra no está

* completa sin nosotros. Por eso le he copiado una frase genial a Lucas, la cual me gusta usar en algunos de mis mensajes: «Todos cuando son niños son artistas, y son creativos… ¡hasta que van a la escuela!». Allí los llenan de preconceptos y de parámetros, y les enseñan cómo ser políticamente correctos si es que intentan crear algo… A propósito, ¿no ocurre en la iglesia algo parecido?

Dios nos llamó a levantar una generación que pueda vivir el gran mandamiento y la gran comisión, pero no nos dijo cómo hacerlo. Si somos sinceros y miramos la Biblia con cuidado, vamos a encontrar a Jesús diciéndonos lo que debemos hacer pero no diciéndonos demasiado sobre cómo hacerlo. Observa bien. Lo vemos sanando a los ciegos siempre de maneras diferentes. ¿Por qué? Porque sabía que a los terrícolas nos encantan las fórmulas mágicas, y nos estaba diciendo que el método no era lo más importante. En cada una de esas escenas lo único importante era que él era el Cristo y que los ciegos necesitaban fe. Si era con barro, si había que ir al estanque, o si no había que hacer nada, ese no era el punto.

Pero vamos más allá. El apóstol Pablo tampoco agregó demasiado respecto a las formas y metodologías que debe usar la iglesia. En su primera carta a los Corintios dice que deben usarse los dones de todos porque así han sido dados por el Espíritu, y que debe hacerse en orden (1 Corintios 12 y 14). Luego le escribe a Tito y a Timoteo indicándoles cuáles son los requisitos que deben cumplir los líderes (Tito 1 y 1 Timoteo 3) pero no agrega mucho acerca de cómo debe ser la programación de la iglesia.

Siempre que tengo a un auditorio de líderes escuchándome hablar de discipulado y programación les hago la siguiente pregunta: ¿Alguno ha visto algún versículo que diga a qué hora debe ser el culto, o cómo debemos sentarnos, o cuánto debe durar la predicación? Obviamente tales versículos no existen. ¿Por qué? Porque si bien hay propósitos sagrados, no hay metodologías que lo sean. La Biblia no cambia, y Dios menos, pero cada generación de la iglesia debe encontrar cómo ser efectiva en cumplir con los propósitos de Dios en su particular contexto temporal y espacial, y por eso es tan urgente la creatividad.

DanteGebel <comenta>

¿Quieres saber por qué los grandes medios de comunicación están cerrados para el evangelio? No culpes a Satanás. Te aseguro que en este caso no tiene nada que ver. Él solo está ocupando un espacio vacante. Los medios y la industria del cine no están cerrados a Dios ni al mensaje cristiano… ¡están cerrados a la falta de ideas! Ponte una mano en el corazón y sé brutalmente honesto: ¿Estás orgulloso de la televisión cristiana que tenemos?. Decenas de líderes muy conocidos me han confesado en voz baja: «Yo tengo programas en un canal cristiano, pero no soporto ver el resto de la programación». Y, casualmente, ¡casi todos opinan lo mismo! Hay mucha hipocresía dando vueltas. Incluso cuando me animé a incursionar en la televisión secular de mi país (con un formato de *late night show*, en el que usaba humor para toda la familia y el canal me permitía una bajada de línea cristiana no religiosa), cierto sector evangélico se cansó de atacarme, esgrimiendo argumentos como: «¿Por qué no sale con la Biblia?», «¿Por qué no predica más tiempo?», sin comprender que estábamos marcando una diferencia en medio de tanta mediocridad. Años después, las mismas personas me escriben: «¿Cuándo vuleves a hacer ese programa? La verdad es que lo disfrutábamos mucho». Mientras sigamos pensando como hasta ahora seguiremos sin generar ideas, copiándonos a nosotros mismos y, por sobre todo, culpando a Satanás de nuestra propia mediocridad.

Jesús nos saca a la cancha y nos invita a correr libremente, pero muchos de nosotros solo hemos sabido dar vueltitas porque eso es lo que nos han enseñado. Aunque alguno dude si invitarme o no a su congreso de jóvenes luego de leerme decir esto, yo tengo que decirlo: En el 90% de las iglesias que conozco y en el 90% de los eventos a los que asisto, la reunión de jóvenes es un calco exacto de la reunión de adultos del domingo a la mañana. Todos nos sentamos mirándole la nuca al de adelante. Nos paramos para cantar, nos sentamos. Nos paramos para cantar, le decimos bienvenido al de al lado, nos sentamos. Nos paramos para cantar, nos sentamos. Un tipo nos habla por más de una hora... ¡y encima después nos piden ofrenda!

¡Vamos! ¿Qué joven del mundo que conozcamos se va a sentir atraído a una iglesia con ese formato? De paso te cuento: lo heredamos de la iglesia católica de la edad media. La reforma protestante, con Lutero y

Calvino a la cabeza, cambió la comprensión teológica pero no cambió el formato de las reuniones. La reforma carismática, desde Wesley, pasando por la calle Azuza en la que oficialmente nació el pentecostalismo, y llegando al movimiento de la unción de finales del siglo pasado, cambió primariamente la experiencia personal del cristiano. Pero, aunque agregaron más espontaneidad, tampoco cambiaron el formato de las reuniones. A mí me pone triste ver iglesias que discuten si es santo o no reunirse fuera del templo, o que tienen que hacer un montón de articulaciones políticas para cambiar el horario, día o disposición de los bancos para hacer una reunión.

Necesitamos creatividad.

El caso Blockbuster y la libertad que nos dio el Señor

El mundo cambia, pero la Palabra de Dios no. Por eso para ser eficaces en el ministerio debemos aprender a vivir con la tensión que se produce entre estas dos realidades. Mientras escribimos este libro hay por el mundo entero una cadena de video clubes que está cerrando sus locales comerciales y cambiando su manera de hacer negocios para poder subsistir. No sé si en tu país ha estado Blockbuster, pero en Estados Unidos y en varios países de América Latina y Europa esta cadena de venta y alquiler (primero de video casetes, luego de DVDs, y ya a lo último de Blue Rays) llegó a ser omnipresente. En muchos países había de estos negocios de videos en casi cada centro comercial, y algunos estaban en las ubicaciones más selectas de cada ciudad. Hoy sin embargo están quebrados. ¿Qué pasó? ¿Cómo una cadena que hace muy poco tiempo era tan próspera y poderosa se fue a la ruina de manera tan estrepitosa? Respuesta: No anticiparon el futuro. No aprendieron el valor del cambio. Se quedaron haciendo lo que los había llevado a ser exitosos, sin cambiar nada de sus metodologías a pesar de que el mundo al que le vendían DVDs estaba cambiando.

Ahora te lo digo claro: Yo me niego a quedarme en el tiempo. Y para eso hay que estar siempre multiplicando nuestra inversión en la creatividad. Dios no solo es el creador, sino que desde el comienzo nos dio capacidad y libertad creativa.

Por si lo dudas: ¿Cuál fue la primer orden que Dios le dio a Adán? Fácil: Ir y ponerles nombre a los animales. Curioso, ¿No? ¡La primer orden de Dios dada al ser humano fue que vaya y use su creatividad! Saltemos las páginas de la revelación escrita. Encontramos a Jesús diciéndonos que nuestra tarea es hacer discípulos, ¡y eso nos entusiasma! Pero seamos agudos en nuestra observación de la tarea que nos dejó Jesús: Él nos dijo que hagamos discípulos pero no nos dijo exactamente *cómo*. Yo me imagino a los discípulos discutiendo cómo iban a hacer esto de «la iglesia» (la comunidad de discípulos). ¿A qué hora será la reunión? ¿Cuánto deberá durar? ¿Cómo hay que sentarnos? ¿Cuánto debe durar el sermón? ¿Cuántas personas deben hablar? ¡Jesús no les dijo nada de eso! ¿Por qué? Porque él nos dio libertad creativa. Nos dijo que hagamos discípulos, pero nos dio libertad para hacerlo de mil maneras distintas. Seamos claros: El formato que usamos en nuestros cultos no está en la Biblia. Lo inventamos nosotros. Con esto no quiero decir que esté mal, pero sí quiero decir que no es sagrado. Si la duración del culto, cómo hay que sentarse, cuánto debe durar el sermón, y los demás detalles fueran sagrados, entonces estarían en la Biblia. Pero no están. ¿Por qué? ¡Porque Dios nos dio libertad creativa!

DanteGebel <comenta>

Una vez le preguntaron a un célebre rabino qué significaba la frase: «…conforme a sus riquezas en Cristo Jesús», a lo que él respondió: *«A mi humilde criterio, significa que Dios, en su poder, liberará sobre su pueblo ideas, conceptos, cosas creativas e inventos ingeniosos que harán que vengan a ellos provisiones»*

Usando el regalo de la imaginación

Dios nos hizo a su imagen y semejanza y nos regaló imaginación. Cómo dije al comienzo de este capítulo, lo seres humanos fuimos creados diferentes del resto de la creación. Se nos dio más que instintos automatizados que repiten conductas previsibles. Se nos dio imaginación. Un «músculo» poderoso capaz de traer progreso y una mejor administración a nuestras vidas. El problema es que, como todo músculo, si no lo usamos se nos atrofia. Y exactamente eso es lo que Satanás quiere que hagamos con nuestra imaginación: nada. Él sabe que es una cosa peligrosa en manos de una persona espiritual. Albert Einstein, alguien que tenía todas sus neuronas intentado llegar a la velocidad de la luz, dijo: *«La imaginación es más importante que el conocimiento»*. ¿Por qué? Porque el conocimiento es limitado, pero la imaginación siempre puede llegar más lejos y traer nuevas soluciones.

La imaginación es lo que logra que el escultor que tiene delante un bloque de mármol cuadrado y sin forma sea capaz de visualizar escondida dentro de ese bloque una obra de arte como «La piedad» de Miguel Ángel, «El pensador» de Rodín o «El discóbolo» de Mirón. La imaginación tiene visión para ver una obra maestra donde otros son incapaces de ver algo más que una simple piedra.

La urgencia de la creatividad

En la actualidad nos encontramos en un período de transición. Enciendes la televisión y ves anuncios de que el canal tiene un nuevo programa, salió una nueva película y vendrá una nueva serie. Prendes la radio y te anuncian lo nuevo del último artista de moda, los nuevos temas en el *top ten* y el nuevo single que ya puedes bajar en iTunes de ese músico que no soportas. Prendes la computadora y aparecen los pop ups anunciando ese nuevo producto. Entras a las redes sociales y puedes hablar con amigos que no ves hace años y saber lo que está haciendo tu ex. Abres tu casilla de mail y te encuentras con emails anunciando una nueva solución contra los anuncios por email. Entras a alguno de los principales portales y te enteras de que ya salió un modelo nuevo de computadora que hace de la tuya un completo dinosaurio. Todo es nuevo, nuevo, nuevo. Ahora bien, vas a la iglesia, te sientas, y escuchas: *«¿Cuántos están contentos?»*, *«¿Quién vive?»*, *«Y a su nombre...»*. ¡Ahí ya sabes todo lo que va ocurrir! ¿Acaso no hay nada nuevo para decir o hacer? La respuesta debe ser ¡sí! Hay cosas que no cambian, pero nuestros formatos, lenguajes y ritmos ministeriales se deberían acoplar a las tendencias y códigos de la generación que intentamos alcanzar.

El mundo se está desplazando de la era moderna hacia la era posmoderna. En nuestras ciudades conviven una variedad de personas con distintas perspectivas del mundo. En líneas generales, cuanto mayor es la edad de las personas, más se inclinan por la tendencia moderna. En contraste, lo más probable es que los más jóvenes solo conozcan el mundo posmoderno y post-cristiano, y para ellos resulte mucho más normal la atmósfera presente. Aquellos que han nacido en un mundo posmoderno y post-cristiano no han respirado la atmósfera ni vivido en el suelo moderno. Para entender esto mejor, aquí tienes algunos conceptos que describen cada una de estas dos eras:

Era Moderna (lo que ya fue)

Monoteísmo

Religión como punto de referencia

Pensamiento racional

Aprendizaje proposicional

Comprensión sistemática

Visión local del mundo

Concepción individualista

Verdades absolutas

Era Posmoderna y Post-cristiana (lo que está en proceso de ocurrir)

Pluralismo

Conocimiento experimental

Misticismo

Pensamiento fluido y narrativo

Globalización

Organización comunal/tribal

Elección por preferencias, no por verdades

Todo esto ocasiona que muchos confiesen, como dijo la actriz Halle Berry en representación del mundo post-cristiano: *«Creo en Dios. Solo que no sé si ese Dios es Jehová, Buda o Alá»*.

Francis Chan escribió en su libro «Loco amor» que Dios no nos llama a estar cómodos. Él nos llama a confiar en él de manera tan completa que no tengamos miedo si nos pide que asumamos un riesgo. Hoy a nosotros nos toca ser creativos para presentar el evangelio que no cambia, a un mundo nuevo que habla otro lenguaje y tiene otra cosmovisión de la realidad. Puede sonar peligroso para algunos, pero Dios está de nuestro lado.

Todo comienza con nuestra compresión de qué es la iglesia

A.W. Tozer hizo esta provocativa declaración al comienzo de su clásico libro «El conocimiento del Dios santo»: *«Lo que viene a nuestras mentes cuando pensamos en Dios es la cosa más importante para nosotros»*. Tomándo su idea, también lo que viene a nuestra mente cuando pensamos en la palabra «iglesia» es aquello que da forma de manera más importante al modo en que funcionamos como iglesia. Si lo único que nos viene a la mente es el culto, entonces pensaremos que el culto es sagrado. Pero si lo que nos viene a la mente es la gente y la misión que nos dio Jesús, entonces eso será lo sagrado.

Mira con atención: En el Nuevo Testamento la palabra «iglesia» es la traducción de la palabra griega *«ekklesia»*. Esta palabra griega significa «asamblea», y fue usada con algún sentido político para referirse a las primeras reuniones entre creyentes que tenían un propósito y una misión. También vemos que esa palabra se usaba para referirse a reuniones no religiosas (ver Hechos 19:32; 19:41). Sin embargo, la palabra «iglesia» se empleaba principalmente para describir a los seguidores de Jesús. Y como referencia a una reunión, se utilizaba para describir a los grupos de gente que se encontraban en las casas (Romanos 16:5). Se habla de que la iglesia *se reunía* (Hechos 14:27), pero nunca vemos que el pueblo de Dios se reuniera *en* una iglesia.

Por otra parte, se utilizaba el término en singular para describir algunas iglesias de una región determinada (Hechos 9:31), y también para describir la gran iglesia que forman los creyentes en todas partes de la Tierra. Somos parte de una iglesia local y de una iglesia universal.

¿Por qué es todo esto importante? Porque no es el templo ni nuestras costumbres lo que nos define como iglesia. Es la misión y el amor de Dios hacia nosotros y entre nosotros lo que nos hace iglesia, y por lo tanto podemos usar nuestra creatividad mientras mantengamos firme esto que sí es sagrado.

DanteGebel <comenta>

Me gustaría agregar a este extraordinario capítulo de Lucas un concepto no menos importante. La idea que muchos líderes tienen de «hacer algo creativo» es quitarse la corbata, bailar hip hop, vestirse a la moda y predicar en «tono juvenil» usando palabras con onda igual que los jóvenes. Lo que plantea Lucas es algo mucho más profundo: se trata de cambiar las bases sin movernos de la esencia. Todo lo demás termina siendo un tema netamente cultural. Lo que para muchos puede ser «innovador» puede resultar cursi y banal en otras culturas. Un día escuché que cierto amigo fue a predicar a una iglesia perdida en la selva africana. Grande fue su sorpresa al ver que las mujeres que llegaban al servicio venían con sus senos al aire, a lo que de inmediato mi amigo le dijo al pastor que aquello era una falta de ética y que iba a predicarles acerca del pudor y las buenas costumbres. El pastor, indignado, le respondió: «¿Usted me está diciendo que va a decirle a nuestras mujeres que se cubran el símbolo mas hermoso que Dios les ha dado a las madres? ¡No se atreva a meter al mundo en mi iglesia!». Resultó ser que en esa aldea remota, las mujeres que se tapaban los senos eran las prostitutas, mientras que las madres los exhibían como un orgullo santo de haber amamantado.

La historia es verídica, así que luego de reírte un poco, tómate un tiempo para reflexionar. Puede que no todas tus «locuras» sean ideas creativas. Teñirte el cabello de verde y tatuarte «Jesús» en el brazo no te convierte en un precursor. Y en algunas naciones, usar traje y corbata puede resultar un acto de rebeldía.

Teología de la creatividad

A mí me encanta pasar tiempo con líderes juveniles porque usualmente tienen más claras que otros estás verdades que estamos escribiendo con Dante. Me gusta ver surgir a jóvenes líderes que reclaman cambios y creatividad para sus ministerios, pero muchas veces me encuentro con líderes juveniles que reclaman esto sin tener una base racional teológicamente sólida acerca de por qué podemos y debemos ser creativos. Por eso es tan importante compartirte todo lo que acabo de escribir acerca de tu eclesiología (que es nada más y nada menos que tu idea respecto de qué es la iglesia). Pero también te quiero resaltar algo más:

Nuestro Dios es EL CREADOR del universo. No *un* creador, o el creador *de algo en particular*, sino el creador DE TODO. De lo que vemos y de lo que no vemos. De lo enorme y de lo diminuto. De lo que está en los mares, lo que está en la tierra y lo que está el cielo. Pero no solo de esto. Él es el creador de las galaxias y de las mega galaxias. Por eso estoy convencido de que una de las notas sobresalientes del hecho de ser hijos de Dios debería ser la creatividad. Se nos debería notar desde lejos.

Y te voy a decir más... Si en algún lado leíste que soy doctor, no es que soy médico. Soy Doctor en Teología. Estudié once años seguidos de teología, incluyendo tres años de griego y hebreo, y por eso (aunque casi nunca lo mencione) soy fan de la teología sistemática. ¿Qué es eso? Es ordenar las ideas acerca de Dios de manera que podamos enseñar mejor lo que la Biblia enseña. Incluso debido esa posibilidad que tuve de obtener un Doctorado en Teología es que en algunas oportunidades he enseñado Teología Sistemática en algún seminario. ¿Pero por qué te lo cuento ahora? Porque en todos mis años de estudio, de fan, y de ocasional maestro de teología, no he encontrado un miserable libro de teología que mencione la creatividad como uno de los atributos transmisibles de Dios (es decir, de esas capacidades que Dios tiene y que si nosotros pasamos tiempo con él también podemos tener, como por ejemplo eso de ser santos porque él es santo). Todos conocemos el dicho: *«Dime con quién andas y te diré quién eres»*. Bueno, yo creo que si pasamos suficiente tiempo con Dios se nos pega esta poderosa característica. Yo creo que una persona espiritual debe ser definitivamente una persona creativa. Es sencillo: una persona espiritual pasa mucho tiempo con el Creador del universo, y bueno, dime con quién andas...

mi respuesta a este capítulo:

_____

_____

_____

_____

_____

_____

_____

_____

_____

_____

_____

_____

_____

_____

_____

_____

_____

_____

_____

5

esa
oculta
lucha
interior

lealtad íntegra vs competencia envidiosa

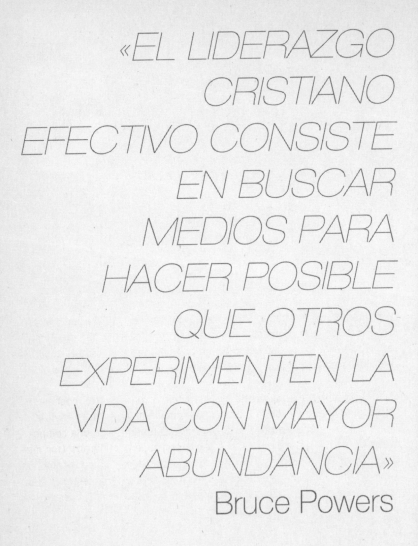

«EL LIDERAZGO CRISTIANO EFECTIVO CONSISTE EN BUSCAR MEDIOS PARA HACER POSIBLE QUE OTROS EXPERIMENTEN LA VIDA CON MAYOR ABUNDANCIA»

Bruce Powers

Lucas <escribe>

Hace unos años me sorprendió leer que el desaparecido psicólogo francés Jacques Chardonne llamaba a los celos «el vicio de la posesión». Me resultó interesante que los llamara así porque definitivamente se cela lo que otro tiene cuando creemos tener derecho a tenerlo nosotros. El problema con eso desde el punto de vista cristiano, y sobre todo desde la perspectiva del liderazgo cristiano, es que ninguno de nosotros tiene «derecho» a tener el ministerio que tiene. Sencillamente no tenemos derecho. Lo obtuvimos por gracia.

Es por gracia que somos salvos y también es por gracia que podemos llegar a tener un ministerio. Pablo le decía a los romanos: *«Y si es por gracia, ya no es por obras; porque en tal caso la gracia ya no sería gracia».* (Romanos 11.6)

A quienes estamos en el ministerio nos toca más que a nadie tener presente esta realidad porque justamente nuestra misión primaria es ser administradores de gracia. Sobre todo si queremos mantener un corazón sano. Si todo lo que tenemos es por gracia, entonces no hay problema en que otro tenga lo que yo no tengo porque al fin y al cabo es también por gracia que lo tiene, y lo que tiene es de quien se lo dio...

A él (sí, a Dios) le da mucha tristeza cuando ve que entre muchos de sus hijos reina la discordia y una competencia que nace de la envidia. Hago esta referencia porque está claro que también existe una competencia positiva. Es esa que tiene que ver con superarnos a nosotros mismos y usar las iniciativas y la trayectoria de los demás como inspiración para ser mejores. Pero mejores que nosotros. Mejores en nuestra misión, no mejores *que ellos*. Cuando perdemos eso de vista, es entonces que la envidia nace, se esparce y procrea nuevas envidias.

Dos luchas personales

La envidia es como un boomerang que siempre vuelve al que la suelta, así que es una pésima idea actuar motivados por ella. Sin embargo, desde aquellos celos que habitaron en el corazón de Caín hasta hoy, la envidia es una lucha secreta con la que cada líder en algún momento se ve involucrado.

En mi caso personal, te puedo asegurar que he tenido varios enfrentamientos con sentimientos negativos, pero recuerdo en particular dos pasajes de mi vida que me dejaron algunas lecciones.

El primero fue en Argentina, hace muchos años, cuando recién comenzaba en el ministerio y estaba enfocado en evangelizar adolescentes. Todavía no tenía del todo claro qué estrategias utilizar ni cuáles eran las que tenían que ver con mi llamado y con cómo Dios me había diseñado. Por esa razón, cuando empecé a escuchar sobre otro joven que también pretendía impactar a la juventud me interesé por ver qué hacía, y pronto pude notar que él estaba teniendo oportunidades que yo no tenía. ¡Me estoy refiriendo al mismísimo co-autor de este libro! Por ese entonces, Dante tenía acceso a la radio y el apoyo de su denominación, y sobre todo esto último era algo que me hacía sentir desanimado porque yo sentía que no tenía el apoyo de nadie para responder a esa inquietud que tenía de impactar a la juventud. Por aquel entonces los dos nos movíamos en sectores completamente diferentes de la iglesia pero ambos éramos columnistas de la revista «Visión Joven» (que fue un magazine pionero en dedicarse completamente a la juventud) y ahí podíamos enterarnos de lo que andaba haciendo el otro.

Al moverse en un sector más popular, contar con ese apoyo, y obviamente por sus propias habilidades y pasión, Dante pronto estaba convocando a muchos jóvenes que yo no estaba alcanzando, y eso comenzó a molestarme. Inicialmente no estaba molesto con él, sino con lo que parecía ser mi «mala suerte», pero poco a poco, al irme enterando de que había hecho esto o lo otro, mi corazón empezó a resistirlo sutilmente, y en vez de alegrarme por lo que escuchaba, comencé a hacer comentarios indebidos cada vez que alguien me lo mencionaba o que salía el tema de algunas de sus iniciativas. Sin conocer a Dante como persona comencé a tener sentimientos negativos hacia él solamente porque creía que él tenía algo que yo no tenía, y era ese apoyo o contactos o lo que fuera lo que no estaba permitiendo que yo tuviera resultados tan cuantitativos como los que él estaba consiguiendo.

*

DanteGebel <comenta>
Cuando leí por primera vez esta parte del capítulo, no pude evitar escribirle un correo electrónico a Lucas y decirle que son estas cualidades las que lo hacen realmente grande en el Reino de nuestro Dios (¡aunque su estatura no vaya acorde!). Hace poco

✱ más de dos años recibí un email cuyo asunto decía: «*Dante, ¿pastor de la Catedral de Cristal?*» y estaba firmado justamente por Lucas. La comisión de la iglesia mas emblemática y popular de los Estados Unidos necesitaba un pastor hispano, y lo llamaron a Lucas (debido a que él forma parte del *board* de la denominación y por muchos años fue pastor de jóvenes allí) para preguntarle si él podía recomendar a alguien. «*Dante Gebel es el hombre*», contestó. «*Sería un "casamiento" ideal entre el ministerio que Dios le dio a Dante y la Catedral de Cristal*». Lo que vino después ya forma parte de la historia. Si acaso algo bueno está pasando en el pueblo hispano de la Catedral, Lucas fue el autor intelectual y la pieza clave para que yo llegara al inmenso campus del sur de California. Su ausencia de egoísmo, su desinteresada generosidad y su claridad de enfoque le permitieron no dudar ni un instante en mencionar el nombre de un colega y amigo. Pudo haberse guardado la información y yo nunca me hubiera enterado. O sencillamente pudo haber deslizado un comentario del tipo: «*No conozco a nadie realmente apto para ese puesto*». ¿Te imaginas cómo sería el mundo si cada uno de nosotros pensara en cómo ayudar a que otros ministerios puedan crecer? ¿Te imaginas cómo sería si realmente nos alegráramos por el éxito ajeno?

La segunda situación ocurrió cuando estaba recién llegado a California, en el tiempo en que trabajaba como pastor de jóvenes en la Catedral de Cristal, a fines de los años noventa. Había llegado con el plan de comenzar un ministerio de jóvenes prácticamente de la nada, pero bajo la enorme presión de una iglesia y un pastor, ambos con expectativas altísimas de multiplicación. Desde que fui convocado comencé a escuchar los números que debía alcanzar. Yo estaba rodeado de otras iglesias que, aunque en inglés, tenían ministerios de jóvenes enormes, y estudiaba en el Seminario Teológico Fuller, que es considerado la cuna del iglecrecimiento como ciencia de estudio. Así que, por cada rincón, todo me apuntaba a la producción de números, lo cual si bien comenzó a verse en nuestro ministerio, no llegaba de manera tan fácil como yo inicialmente me imaginé que ocurriría. Con 25 años de edad, yo estaba realmente frustrado. Tenía esa presión al mismo tiempo que estaba estudiando una maestría y luego un doctorado en un idioma que por entonces apenas manejaba. Y veía que, más allá de las expectativas de otros, esos jóvenes que estábamos ministrando necesitaban muchísimo trabajo de discipulado y sinceramente no me alcanzaba el tiempo para dedicarme a ellos como hubiera querido. Fue por entonces que comencé a escuchar sobre un congreso de jóvenes que se realizaba cerca de donde estábamos, y un buen domingo vi al que lideraba ese evento en nuestra reunión (había sido invitado por mis jefes). Luis Enrique Espinosa, hermano mayor de quien es hoy mi gran amigo Emmanuel (de la banda Rojo) había venido a dirigir la alabanza, y toda la iglesia estaba fascinada con él (¡y mis jefes también!). Y no solo estaban fascinados por el tiempo de alabanza, sino porque luego de la reunión él se les había acercado y les había hablado del congreso que él hacía y de los conciertos que estaba teniendo en diferentes partes de la zona.

A los pocos días hubo una jornada de trabajo entre los líderes de la iglesia, y los pastores principales seguían hablando de él. De hecho, fue en esa reunión que mi jefe, quien era como un padre para mí, me dijo delante de todos que debía aprender de Luis Enrique porque él tenía el ministerio de jóvenes hispanos más exitoso de California. Sus palabras me incomodaron y mi corazón se llenó de sentimientos negativos hacia Luis Enrique.

Muchas razones y un solo porqué

En ambas circunstancias mi lucha con los celos era un problema mío y no de quienes eran el blanco de mis celos. No era que ellos estuvieran provocándome o compitiendo conmigo, sino que algo estaba fuera de lugar dentro de mi corazón.

En el primer caso, el verdadero problema era no tener un foco definido. Quería «alcanzar a jóvenes», pero ese es un blanco demasiado amplio. Es como decir *«Quiero ser un buen médico»* sin decidirse por una especialidad; o decir *«Quiero ser un gran futbolista»* sin saber si tengo talento para jugar de defensa, medio o delantero. ¿A qué jóvenes quería alcanzar? ¿Alcanzarlos exactamente para qué? ¿Con el uso de qué dones y qué talentos? Hablar en público no me costaba pero, ¿qué pretendía lograr con eso y cuáles eran mis verdaderas motivaciones? ¿Quería inspirar, entretener, enseñar o exhortar? Yo no estaba seguro, así como no están seguros hoy muchos líderes cristianos en Hispanoamérica que no tienen en claro cuál debe ser su aporte y entonces están persiguiendo objetivos demasiado amplios. Líderes que nunca se especializan en nada, que no se apoyan en sus fortalezas particulares, y que entonces, sin querer queriendo, amplían sus oportunidades de estar compitiendo con... ¡todos!

Mis sentimientos hacia Dante fueron cambiando al ir definiendo yo qué quería hacer específicamente con mi ministerio, y al ir aprendiendo sobre mis dones y habilidades, pero también al irme dando cuenta de cuán diferentes éramos y cómo ambos soñábamos con cosas totalmente distintas. A él por ejemplo siempre le interesó la televisión, y a mí no. A mí siempre me sedujo la idea de enseñar en diferentes Universidades, y a él no. Dante tiene un trasfondo carismático pentecostal, y yo no. Al él siempre le entusiasmaron los eventos en los estadios, y a mí las capacitaciones más íntimas. Incluso hoy, cuando hablamos en privado, nos damos cuenta que hasta admiramos a gente complemente diferente, y eso dice mucho acerca del perfil que persigue cada uno. Tenemos cosas en común, claro que sí, pero tenemos focos tan distintos que hoy sería ridículo sentir que competimos. De hecho, ese es uno de los secretos que queremos develar en este libro.

En la historia con Luis Enrique, mi problema era la inseguridad. Yo me sentía amenazado porque en mi interior sentía que no estaba dando ni logrando lo que me había propuesto, y también porque mis líderes no me estaban afirmando sino comparándome (o al menos eso sentía yo), y eso nunca es una buena idea para producir lo mejor en los demás.

Así como en la historia con Dante la cuestión fue definir mi foco, en esta historia con Luis Enrique la clave fue colgar mis sentimientos de inseguridad en la cruz. No debía dejar que la opinión de nadie fuera más importante que la de Dios. -Vuelve a leer la frase anterior-. Al descubrir eso tomé una decisión. Llamé por teléfono a Luis Enrique, que es un verdadero varón de Dios, y le ofrecí las instalaciones de nuestra iglesia para hacer ese congreso completamente gratis. Decidí invertir en su éxito, y aprendí que desde la perspectiva del liderazgo cristiano invertir en otros es también invertir en tu propio crecimiento. Recuerdo que al principio cuando le hice la invitación y le expliqué que el auditorio, todos los salones, el sonido, la iluminación y las cámaras iban a ser totalmente gratis, no me entendía... Seguíamos hablando y me volvía a preguntar cuánto tenía que pagar. Finalmente aquel congreso se hizo en nuestra iglesia, y no solo fue de beneficio para él, sino también para mis jóvenes y, en lo profundo de mi interior, fue bueno para mi corazón.

Las razones en uno y otro caso fueron diferentes, pero todo tenía que ver con mantener mi corazón sujeto a Dios y enfocarme en su llamado para mi vida.

Los número uno en ser los número dos

Si prestamos atención a los hombres y mujeres que han trascendido en la historia como líderes que marcaron una diferencia positiva, observaremos que un verdadero líder es más que la suma de su personalidad, sus capacidades y sus talentos. Ellos también fueron leales y se sintieron seguros incluso cuando no les tocó tener el rol protagónico. Esta clase de líderes conservó su integridad sin importar cuál era el rol que les tocaba jugar en las diferentes escenas del liderazgo. Supieron estar adelante y supieron estar atrás.

Desde siempre me llamó la atención el siguiente ejemplo del evangelio de Juan:

«Fueron a ver a Juan y le dijeron:

—Maestro, ¿recuerdas a aquel de quien nos hablaste, el que estaba contigo al otro lado del río Jordán? Pues bien, ahora él está bautizando y todos lo siguen.

Juan les contestó:

—Nadie puede hacer algo si Dios no se lo permite. Ustedes mismos me escucharon decir claramente que yo no soy el Mesías, sino que fui enviado antes que él para prepararlo todo. En una boda, el que se casa es el novio, y el mejor amigo del novio se llena de alegría con solo escuchar su voz. Así de alegre estoy ahora, porque el Mesías está aquí. Él debe tener cada vez más importancia, y yo tenerla menos». (Juan 3:26-30, TLA)

Eso es lealtad.

✳ **DanteGebel <comenta>**
Creo que esto que escribo ahora sólo puede entenderse en el contexto de lo que está escribiendo Lucas, y nunca debería ser leído fuera de este libro. Pero siempre he considerado que mi ministerio con la juventud (al igual que el de Lucas) no hubiera crecido si hubiéramos pretendido desarrollarlo «bajo el paraguas» de ciertos líderes populares, y esto por la sencilla razón de que ellos mismos hubieran sido nuestro techo, nuestro límite. El sistema de algunas

iglesias actuales no nos hubiese permitido extendernos a favor del Reino. De hecho, hace muchos años un líder muy popular me dijo: «¡Tú no puedes crecer mas que yo, porque eso no sería de Dios!». Somos muy afortunados de haber tenido pastores y mentores que nos permitieran crecer incluso mas allá de su propia iglesia local.

Juan el Bautista sabía ser el número uno en ser el número dos. Había cumplido su rol y ahora le tocaba pasar a un segundo plano, pero no tenía problema con eso. Tenía en claro su misión y eso lo llenaba de seguridad. ¡Qué importante es aprender esta lección si queremos cooperar con la extensión del Reino de Dios más que con la de nuestros propios pequeños reinitos! Lo importante es que brille Jesús, no quién sea el burro que tiene el privilegio de llevarlo. Si aprendiéramos esto habría menos competencia desleal, iglesias divididas, denominaciones peleadas y ministerios frustrados. ¡Qué importante aprender de Juan a hacernos a un lado cuando surge otro o simplemente cuando no es nuestro turno de tener el rol protagónico! Tristemente hay líderes que no soportan esto, y entonces en sus iglesias hay una sola estrella. (De hecho escuché a un pastor utilizar esas exactas palabras frente a sus liderados, como si dieran a entender algo positivo). En estas iglesias nadie puede desarrollar sus dones y talentos si opacan el brillo del líder principal.

A Juan no le importó el hecho de que él hubiera abierto la primera «iglesia bautista» de su ciudad. Ahora venía otro líder con un rol más destacado, y Juan entendía que él había cumplido su parte y ahora le tocaba apoyar al nuevo líder. Él tendría un nuevo rol y estaba en paz con eso.

No es solo con los de arriba

Estoy escribiendo estos párrafos porque antes pensaba que los celos solo podían ser un sentimiento hacia los más poderosos o ricos o encumbrados, pero luego descubrí que no. También pueden surgir hacia personas que están «más abajo» que nosotros. Hacia los nuevos, los más jóvenes, los emergentes, los que traen nuevas ideas o simplemente nuevas fuerzas.

Con Dante lo hemos escuchado una y otra vez en cada país que visitamos. Jóvenes frustrados porque sus líderes les tienen celos en lugar de ayudarlos a surgir...

Así es que con los de abajo también podemos aplicar un boicot sutil. No darles oportunidades de desarrollar sus dones y su potencial. Mantenerlos siempre con responsabilidades secundarias y de poca proyección pública. Cuestionar sus opiniones, destruir su reputación, soltar comentarios aparentemente inocentes acerca de su aptitud para el ministerio o la honestidad de sus motivaciones. Y claro, también funciona muy bien el privarlos de responsabilidades argumentando falta de madurez (la cual por otra parte es real, ¡pero es imposible de desarrollarla sin recibir oportunidades para crecer!).

¿Y cuando me tienen celos a mí?

Me siento tentado a decir que nunca me doy cuenta si me tienen celos, pero eso no sería honesto. Al irme haciendo conocido en el ámbito cristiano, y últimamente debido al crecimiento de Especialidades Juveniles y luego a mi rol en Editorial Vida, he notado que a algunos pareciera molestarles. ¿Cómo reaccionar en estos casos? Mi acto reflejo siempre ha sido ignorar a quien se ofende con mi éxito y a quien le gusta minimizarlo o dar una explicación «muy personal» de cómo he hecho para llegar a esta posición. Este mecanismo me ha ayudado pero no ha sido la solución total, y verdaderamente no sé si hay alguna.

Lo que hoy tengo claro son tres cosas. La primera es que no debo «provocar celos por deporte», y que en la situación que estoy debo prestarle especial consideración a la ética ministerial. Hace un tiempo, por ejemplo, postergamos el lanzamiento de una de las oficinas nacionales de nuestro ministerio porque en esa ciudad capital había un ministerio similar y no queríamos perjudicarlos. Esperamos por casi dos años para, cuando ya era insostenible, hacerlo con delicadeza. Gracias a Dios algunas circunstancias nos ayudaron, y creo que en ningún momento se vio como una situación conflictiva más allá de lo emocional.

Lo segundo que tengo claro es que no puedo desobedecer al Señor y administrar ineficazmente lo que Dios me dio para que otro no se ofenda. Por eso es clave mantener el foco en tu llamado y estar dispuesto a obedecer al Señor más allá de las consecuencias.

Por último, la tercera es que no debo considerar a quien me cela como un enemigo. Hay ocasiones en que si me pongo en sus zapatos me doy cuenta de que tienen razón. ¿En qué sentido? Bueno, ellos quizás se preguntan con qué meritos yo estoy donde estoy y hago lo que hago y no encuentran respuesta... y ahí volvemos al comienzo del capítulo. Aunque otros lo olviden, nosotros tenemos que recordar que es por gracia que estamos donde estamos. Yo no sé por qué Dios me ha permitido hacer lo que he podido hacer y a otros no. Siempre digo que no entiendo mis meritos, si es que tengo alguno, y lo único que se me ocurre mencionar es la audacia y la obediencia. Dios me ha dado ciertos talentos a mí y ciertos otros a otros líderes. Yo no puedo explicar su gracia para conmigo, pero tengo claro que es gracia. Y por eso, más que provocarme enojo, cuando noto que alguien me ataca porque me cela me entristece que no disfrute lo que Dios le dio a él. Aunque igual me alegro si está haciendo algo que valga la pena, a pesar de que me critique a mí. Como decía Pablo:

«Es cierto que algunos predican a Cristo por envidia y rivalidad, pero otros lo hacen con buenas intenciones. Estos últimos lo hacen por amor, pues saben que he sido puesto para la defensa del evangelio. Aquéllos predican a Cristo por ambición personal y no por motivos puros, creyendo que así van a aumentar las angustias que sufro en mi prisión. ¿Qué importa? Al fin y al cabo, y sea como sea, con motivos falsos o con sinceridad, se predica a Cristo. Por eso me alegro; es más, seguiré alegrándome...» (Filipenses 1:15-18)

✱ **DanteGebel <comenta>**

Hace poco tuve una cena con un hombre de Dios que me dijo: *«A veces pienso que David no hubiera llegado a ser quien fue de no haber sido por Saúl. Los celos de otros líderes terminan por forjar nuestro carácter».* Es posible que sea cierto, pero también es cierto que esquivar lanzasos mientras ministramos no es un deporte que uno elegiría practicar. Lo que lamentablemente ocurre es que la mayoría de las veces el solo escuchar: *«Fulano mató a mil pero acaba de surgir otro fulanito que mató a diez mil»* provoca que estalle el volcán de la envidia de quienes mas respetábamos.

El caso es que solo puedo ser responsable de mi propia conducta. No puedo ser responsable de las motivaciones, intenciones y formas de actuar de otros compañeros de ministerio. Tengo que asegurarme de que *yo* estoy actuando como el Señor de la mies espera.

Cuando tu corazón no es tu amigo

Una de las tonterías más anunciadas por los medios masivos de comunicación y más creídas por la sociedad de hoy en día es pensar que es una buena idea escuchar tu corazón. Te lo repiten en esa escena romántica de la película y en esa frase pegadiza de la última canción de moda («Escucha tu corazón, escucha tu corazón, escucha tu corazón...») como si fuera el consejo más sabio que alguien pudiera darte, pero en realidad es una de las ridiculeces más tontas que alguien te pueda aconsejar.

Jeremías 17:9 dice: *«Nada hay tan engañoso como el corazón. No tiene remedio. ¿Quién puede comprenderlo?»* Si fuera siempre bueno escuchar el corazón, nadie pagaría impuestos ni pararía en un semáforo en rojo.

Tener celos de tanto en tanto está en nuestra naturaleza, pero ningún líder que se precie puede dejarse gobernar por sus sentimientos. Si no, nadie podría soportar las tentaciones sexuales, como tampoco nadie podría convivir con las tentaciones del ego (y ahí es donde entran los celos). Por eso, no son los sentimientos (o «el corazón») lo que debe dar dirección a nuestras acciones. Son los principios de Dios los que deben marcarnos el paso.

Como decimos en uno de los valores de Especialidades Juveniles: *«Hacer lo correcto es más importante que hacer las cosas correctamente»*. Y siguiendo con la línea de pensamiento que venimos construyendo, ahora agregaría: *«o que sentir lo correcto»*. Y ese es el punto. Uno de los secretos de la lealtad a Dios y a otros es aprender a mantener nuestro corazón bajo examen y a hacer lo que es correcto independientemente de lo que sintamos.

Pero hay esperanzas también cuando el corazón no es nuestro amigo. Los cardiólogos utilizan un procedimiento llamado «arteriograma» o «cardiograma» para diagnosticar la salud del corazón de un paciente, y nosotros debemos aprender a dejar que, mediante la oración y el estudio, el Espíritu Santo y la palabra de Dios hagan sus chequeos de nuestro interior.

El versículo siguiente al que leímos recién dice, según la Nueva Traducción Viviente: *«Pero yo, el Señor, investigo todos los corazones y examino las intenciones secretas. A todos les doy la debida recompensa, según lo merecen sus acciones.»* (Jeremías 17:10). Prestemos atención a algo muy sutil allí. La recompensa del Señor no viene por tener los sentimientos correctos, sino por realizar las acciones correctas. Si perseveramos en llevar a cabo acciones correctas, yo creo que luego nuestro corazón se va ir poniendo en el lugar correcto. Los sentimientos correctos van a seguir a las acciones correctas.

Volviendo a la competencia positiva... En todos los últimos años en que con Especialidades Juveniles hemos organizado la Convencion Internacional Liderazgo Juvenil o los otros entrenamientos grandes que hacemos, al preparar una nueva edición siempre comenzamos con la pregunta: «¿Cómo superamos lo que ya hicimos?». También al terminar un proyecto hacemos una lista de cosas que hicimos bien y cosas que hicimos mal, y para cada punto hacemos una tormenta de ideas sobre cómo mejorar para la próxima vez. Es decir que competimos. Pero lo hacemos contra nosotros mismos, y eso tiene un poderoso efecto positivo.

mi respuesta a este capítulo:

_____

_____

_____

_____

_____

_____

_____

_____

_____

_____

_____

_____

_____

_____

_____

_____

_____

_____

6

una
generación
real

autenticidad abierta vs falsedad profesional

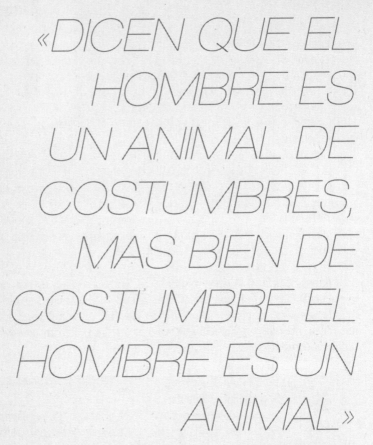

«DICEN QUE EL HOMBRE ES UN ANIMAL DE COSTUMBRES, MAS BIEN DE COSTUMBRE EL HOMBRE ES UN ANIMAL»

Mafalda

Lucas <escribe>

Parecer espiritual en los púlpitos modernos es relativamente fácil. Una buena cuota de afinación o de elocuencia según uno sea músico o predicador, movimientos a tono con lo que se dice, alguna parábola conmovedora, buena apariencia y palabras elogiosas para el público suelen ser suficiente para impresionar positivamente a algunos auditorios. Y si a eso se le agrega fama y multitudes, ya parece que tenemos todos los ingredientes para un ministerio «a las naciones». Ustedes ya saben...Algunos creen que la habilidad para manejar un micrófono es sinónimo de unción y que la fama es el resultado de una vida espiritual ejemplar. El problema si pensamos así lo tenemos en lo secreto. Y lo tenemos en lo secreto porque es imposible engañar a Dios y engañarnos a nosotros mismos si no tenemos una verdadera vida espiritual. Por supuesto, tarde o temprano también se hace imposible engañar a nuestros seres más cercanos, esos que justamente comparten la vida secreta con nosotros.

La buena noticia (o la mala, según sea el punto de vista) es que estas falsas ecuaciones que ha escrito la iglesia moderna de «fama = espiritualidad» y «elocuencia = unción» tienen sus días contados, porque hoy nos rodea una nueva generación de jóvenes que ya se ha cansado de tanta hipocresía.

DanteGebel <comenta>

Aunque todo lo que decimos en este libro es cierto, seguramente habrás comprobado que los ministerios con mas ascendencia y mayor crecimiento son aquellos que exhiben teologías novedosas, y aquellos que hacen alarde de poseer cierto «halo sobrenatural». Un líder que ministra sanidad siempre suena mas atractivo que un maestro que vendrá a enseñarnos acerca de la mayordomía. El primero nos asegura que «nadie se irá de aquí enfermo», el segundo nos señala que si no somos fieles con nuestros diezmos le estamos robando a Dios... ¡no hace falta ser un genio para saber quien tendrá mayor popularidad! Respecto a esto, muchas veces he sentido que estoy transitando por la vida ministerial en un carro austero que es arrastrado por un par de caballos. Lento, al tranquilo, y sin detenerme demasiado, voy avanzando feliz por la vida ministerial. En muchas ocasiones me sobrepasa una Ferrari a toda velocidad, levantando una polvareda y haciendo tambalear

* mi carro. Y casi siempre ocurre lo mismo: me sacudo el polvo, continúo mi camino y mas adelante, en alguna curva, encuentro al lujoso automóvil de competición caído en un barrancoo detenido frente a un árbol o echando humo en una banquina. Yo paso por su lado, con mis dos caballos algo cansados y mi humilde carro. *«Es que el liderazgo no es una carrera de cien metros –me supo decir Luis Palau cierta vez–es una maratón de resistencia».*

En la búsqueda de algo real

Una de las nuevas facetas de estudio de la sociología pregona la importancia de contar con *inteligencia cultural*. Así se conoce a la posibilidad de estar versados en las tendencias y valores de la cultura posmoderna de hoy. Pero no hace falta conocer esos términos o estudiar sociología para notar en los medios masivos de comunicación que algunas cosas se van poniendo de moda y algunas palabras se convierten en omnipresentes. Ese es el caso del uso de la palabra *real*. Ahí están los *«reality shows»*. Ahí está Coca-Cola con una campaña mundial que simplemente decía *«Coca Cola: Es real»*. Ahí están todas las nuevas series o mini documentales de MTV, VH1 y el canal E entre otros, que te muestran el lado «real» de un sinfín de situaciones extremas, y también está el furor por sacar a la luz la versión «real» de una historia que ya todos creíamos que conocíamos...

El ser humano de hoy es menos idealista e ingenuo que el de generaciones anteriores. En esta era de información, redes sociales e inmediatez, es mucho más complicado mantener la ilusión de que los líderes políticos y religiosos son personas intachables y sin falencias. Hoy sabemos que no todo es como se pinta. Sin embargo en la iglesia pareciera que algunos líderes no se han dado cuenta.

Una sana antropología bíblica

Me gusta usar un lenguaje simple, pero hay palabras que es bueno para todo líder aprender.Tal es el caso de la palabra, o más bien del concepto, «antropología». Me imagino que hay muchos lectores que saben perfectamente qué es la antropología, pero también me imagino que hay otros que no, así que mejor me explico... Según la útil y práctica enciclopedia online llamada *Wikipedia*, la antropología es una ciencia social que estudia al ser humano de una forma integral y, para abarcar la materia de su estudio, recurre al conocimiento producido por las ciencias naturales y las ciencias sociales. En palabras un poco más simples, la antropología es el conocimiento que tenemos acerca del ser humano basados en su naturaleza y en sus relaciones interpersonales.

Ahora bien, ¿qué dice la Biblia acerca del ser humano? Una verdad simple que muy a menudo olvidamos es que, según la Biblia, el ser humano no es ni más ni menos que un pecador necesitado de la gracia de Dios (Romanos 3:10, 12). Revisemos el Antiguo Testamento, las palabras de Jesús y la teología paulina, y arribaremos a una conclusión contundente: el ser humano no puede salvarse a sí mismo y no hay uno solo que haya cumplido o pueda llegar a cumplir toda la ley. De hecho, la Biblia de las Américas traduce Romanos 5:12 de la siguiente manera: *«Por tanto, tal como el pecado entró en el mundo por un hombre, y la muerte por el pecado, así también la muerte se extendió a todos los hombres, porque todos pecaron».* Incluso podemos ver a Pablo ya convertido (y ya apóstol) escribiendo Romanos 7:14-21 diciendo que no siempre hace lo que quiere hacer y no siempre deja de hacer lo que no quiere hacer... ¿Conclusión? Una sana antropología bíblica nos revela que ese pastor que siempre está conmovido en la TV, y ese otro que traza una línea imaginaria de unción entre su persona y el resto de los mortales, son también pecadores y siguen luchando con el pecado, como yo, y sobre todo como tú... ¡je!

Razonemos juntos: ¿Qué es, entonces, lo que nos diferencia del mundo? Obviamente no es el que no seamos pecadores, sino el hecho de que hemos reconocido el milagro de la cruz y ahora, en agradecimiento a esa misericordia, intentamos no pecar. Pero, siguiendo al apóstol Pablo, no es que ya lo hayamos alcanzado. Proseguimos a la meta, pero seguimos teniendo nuestras luchas.

De pokemons y profetas

Por esa misma antropología bíblica es que me fastidio cuando veo a algunos cristianos que se dedican solamente a condenar. Siempre están apuntando con el dedo en alguna dirección y desnudando los defectos de los demás. Quizás sería más productivo que desnudaran los suyos propios. Por eso el propósito de este libro no es levantar dedos acusadores sino hablar descarnadamente de lo que todos debemos cambiar para mejorar nuestro liderazgo.

Unos días después del terremoto de nueve grados que sacudió Japón y causó un Tsunami que mató a miles de personas vi a un predicador en la TV (gracias a Dios que era en inglés) explicando que era obvio que el desastre natural había sido el juicio de Dios sobre Japón por ser de mayoría budista, y añadió que prueba de eso es que había muerto Satoshi Tajiri, el creador de Pokemon. Este opinólogo de peinado profético siguió explicando su teoría basándose en que, según su juicio, era obvio lo demoníaco de este ¿gato? amarillo de orejas puntiagudas, y que eso evidenciaba que lo que había ocurrido era un juicio del cielo...Me pareció desopilante, pero la cuestión se hizo más ridícula cuando horas más tarde encontré que Nintendo estaba desmintiendo la noticia, y que Satoshi ya estaba posteando en su Facebook...

¡¿Cómo?! ¿Dios había fallado en su «intento de asesinato»? Quizás a este hermano que hizo este «profundo análisis en el espíritu» con un montón de señoras asintiendo y diciendo amén en las primeras bancas habría que haberlo llevado a Japón para que notara cuantos buenos cristianos habían muerto también por el desplazamiento de las placas tectónicas del océano pacifico.

Nos hemos hecho profesionales en eso de dar opiniones intentando justificar a Dios y en hablar de su parte cuando muchas veces deberíamos simplemente ser compasivos con los que sufren, admitiendo de paso nuestra propia fragilidad.

Disposición para el aprendizaje

Me encanta la frase que dijo Steve Jobs, el creador y presidente de Apple, al momento de presentar el primer Ipad: *«Es maravilloso tener una mentalidad de principiante»*. Después de haber creado la Mac, el Ipod, el Iphone y quien sabe cuántos más artefactos novedosos, este magnate lleno de éxito y dinero seguía hambriento de descubrimientos y conocimientos. El caso es que si queremos ser una generación de líderes reales y auténticos tenemos que permanecer siempre reconociendo nuestra necesidad de aprendizaje, y en ese sentido es vital buscar constantemente consejos sabios.

Te llevo a esta historia:

«Roboán fue a Siquén porque todos los israelitas se habían reunido

allí para proclamarlo rey. De esto se enteró Jeroboán hijo de Nabat,
quien al huir del rey Salomón se había establecido en Egipto y aún vivía
allí. Cuando lo mandaron a buscar, él y toda la asamblea de Israel fueron
a ver a Roboán y le dijeron:

—Su padre nos impuso un yugo pesado. Alívienos usted ahora el duro
trabajo y el pesado yugo que él nos echó encima; así serviremos a Su
Majestad.

—Váyanse por ahora —respondió Roboán—, pero vuelvan a verme dentro
de tres días.

Cuando el pueblo se fue, el rey Roboán consultó con los ancianos que
en vida de su padre Salomón habían estado a su servicio.

—¿Qué me aconsejan ustedes que le responda a este pueblo? —pregun-
tó.
—Si Su Majestad se pone hoy al servicio de este pueblo —respondieron
ellos—, y condesciende con ellos y les responde con amabilidad, ellos le
servirán para siempre.
Pero Roboán rechazó el consejo que le dieron los ancianos, y consultó
más bien con los jóvenes que se habían criado con él y que estaban a su
servicio...» (1 Reyes 12:1-8)

Hay una gran lección aquí. Muchos líderes se envanecen porque solo
escuchan a los que les dicen lo que ellos quieren escuchar. Dejan a un
lado la frescura y la espontaneidad cambiándolas por la profesionalidad
y la hipocresía porque no están dispuestos a ser corregidos y escuchar
a otros. Y lo digo porque yo he sido Roboán. Me he privado de bendi-
ciones porque no he sabido reconocer mis necesidades, mis carencias
y mis limitaciones, desaprovechando muchas veces la oportunidad que
Dios me brindaba a través de otras personas. Sin duda mi vida espiritual
sería más rica si en muchas ocasiones hubiera sido más enseñable.

Pero siento que con el tiempo he mejorado al respecto. Noto que es
más fácil ahora para mí reconocer que Dios puede enseñarme a través
de cualquier persona, aunque reconozco que la lucha sigue estando ahí,
sigue siendo una realidad, y es probable que lo siga siendo siempre. Por
eso debo hacer una decisión consciente de crecer, aprender y buscar
consejo aun de personas que no siempre me van a endulzar los oídos

Enl@za2

Las redes sociales han creado una nueva proximidad con celebridades y estrellas del espectáculo, y también con pastores, lideres y celebridades (¿?) evangélicas. Antes solo podías enterarte de lo que hacía un cantante o una actriz en el programa semanal de chismes. Ahora, sin otro intermediario, cualquiera puede enterase con quiénes estuvieron o dónde y qué estuvieron haciendo las 24 horas del día si ellos deciden ponerlo en las redes sociales. Esto está ayudando también a desmitificar la vida de los líderes. Ninguno de nosotros vive en una nube. Además de predicadores o salmistas somos hijos, padres, hermanos y esposos. Viajamos, comemos, y hasta vamos al baño. Nos encontramos con gente, nos enojamos y nos alegramos. Además de hablar y vivir inmersos en el ministerio, vemos películas malas, escuchamos música, perdemos el pelo (o en el caso de Dante nos peinamos mucho) y tenemos sentimientos. Por eso no entiendo cuando algún tontonauta me reclama que solo tengo que poner frases de inspiración en el Twitter o que sí o sí tengo que abrir una cuenta de personaje público en Facebook porque ya alcancé el límite de amigos y «está mal» que no acepte más que los que tengo. Seguramente podemos usar las redes sociales para el ministerio, pero también las podemos usar para expresar que somos normales, ¡y en muchos casos eso solo puede ser una bendición para otros! Si prestas atención, Dante tiene una cuenta de persona pública y yo al momento de escribir este libro todavía insisto en que no quiero tenerla. Te hago notar esto porque no es que una cosa esté bien y la otra esté mal. Mi razón para no abrir una cuenta de personaje público es que prefiero apuntar la atención de quienes me leen o de quienes me escuchan en conferencias hacia el Facebook de Especialidades Juveniles, y si abriera el mío y todos pudieran hacerse parte quizás afectaría negativamente al del ministerio. (Esto me lo aconsejó un profesional –lo que se dice un gurú– de redes sociales).

Lo que está claro es que este es un nuevo mundo que necesita un nuevo liderazgo, y que la autenticidad y la transparencia son más apreciadas hoy que nunca antes en la historia. Y las redes nos van abriendo un gran ventanal a eso.

La confesión de debilidades

Con todo esto no te estoy recomendado que publiques tus luchas o pecados personales, pero sí que te despojes de esa careta de líder cristiano profesional que solo sabe subir a un escenario y pedir un grito de júbilo. Sí, te comparto esto con cierta ironía porque escucho a algunos y parece que tienen la memoria de una contestadora automática que siempre dice la mismas palabras. (¡En otra época hubiera dicho un disco rayado, pero hoy ya muchos ni saben que es eso!) Suben al escenario y sueltan la marea de clichés que escuchamos fin de semana tras fin de semana y que al fin y al cabo comunican que no tenemos nada autentico para decir. ¿Cómo romper esta costumbre? Hablando de tus luchas. No me refiero a inventarlas para producir empatía. Cuando todo está bien, está todo bien. Pero cuando tuviste una semana difícil, estás pasando una prueba o algo en particular de la vida cristiana te cuesta mucho, no está mal ni te va a robar autoridad el confesarlo. Incluso hace bien en dos niveles. Es un desahogo para el que confiesa, y de alguna misteriosa manera es un consuelo para el que lo escucha porque de repente no se siente tan solo ante sus propios desánimos.

De hecho, hablar de nuestras debilidades con inteligencia puede darnos mayor autoridad para ayudar a gente que está en el mismo lugar y enfrentando la misma debilidad que nosotros tenemos o tuvimos. Piensa en esto: ¿Quién no tiene tentaciones sexuales? Todos las tenemos. ¿Quién no tiene tentaciones del ego? Todos las tenemos. ¿Quién no tiene tentaciones económicas? Todos las tenemos. Esto que estoy afirmando no significa que seamos todos lujuriosos o que estemos dispuestos a robar o que seamos víctimas de la seducción del poder. Pero sí que somos pecadores con una tendencia natural hacia esas cosas y debemos cuidarnos y alejarnos de cualquier pasión pecaminosa.

Pablo decía: *«Por lo tanto, si alguien piensa que está firme, tenga cuidado de no caer.»* (1 Corintios 10.12). Por eso no es tan sabio mostrarnos siempre tan firmes, como si ya tuviéramos todas las luchas superadas.

✳ **DanteGebel <comenta>**
Nada más cierto que la atinada frase de Lucas: *«Todos las tenemos»*. ¡Claro que sí! Todos luchamos con las mismas cosas, aun aquellos que nos hacen creer que son tan santos y están en un nivel de unción tan alto que el diablo ya no los puede tentar. Si Jesús fue tentado en todo (aunque algunos creen que solo fueron tres veces aisladas durante los cuarenta días), ¿quiénes somos nosotros para creer que ya no tendremos que luchar contra nues-

*
tra carne? Es más, cada vez que oigas a alguien hacer alarde de
su unción y de su inquebrantable santidad, puedes estar seguro
de que las alarmas ya están sonando y que en realidad ese líder
está luchando con algo mucho más grave de lo que imaginas. La
historia es testigo de que cada vez que algún predicador levanta
su dedo acusador (lo cual no estaría mal si defendiera la santidad
en general, pero se pone a él mismo como ejemplo inmaculado),
es porque se avecina la catástrofe. Por algo Billy Graham nunca
se cansó de decir: «Muchachos, no bajen la guardia nunca… aún
sigo siendo tentado como cuando era un muchachito». Y otro predicador cuyo nombre no mencionaré, cada vez que se disponía a
hablarles a los jóvenes acerca de la pureza sexual, comenzaba
diciendo: *«Antes que nada les diré que la masturbación produce
dos cosas nocivas, muy importantes: una, la falta de memoria…
¡y ahora no recuerdo la otra!»*

A calzón quitado

En muchos pulpitos latinoamericanos y también en Europa me he
sacado literalmente un calzón de adentro de los pantalones delante de
todos (¡no el que verdaderamente traía puesto!) para hablar de cosas
que no se hablan o decir cosas que otros no se animan a decir. Seguro
que es una payasada y lo hago porque siempre me pareció divertido y
me da risa la reacción de la gente, pero también lo hago porque quiero
ilustrar algo que me parece urgente: En la vida cristiana hay que decir
la verdad y nada más que la verdad, y no hay que avergonzarse de ser
sinceros.

*
DanteGebel <comenta>
Doy fe respecto a lo que cuenta Lucas del calzón. Llegué poco
después que él a una mega congregación y todo el mundo me
decía: *«Lucas predicó muy bien, Dios lo usó asombrosamente, ¡y
hasta puso un calzón encima del púlpito!»*. Al principio pensé que
se trataba de una broma, hasta que me dijeron que realmente
había ilustrado su sermón de esa forma. Fue cuando me pregunté:
«Si luego de la aparición de Benny Hinn muchos decidieron ponerse un traje blanco para sus cruzadas de milagros, ¿será que ahora
mi amigo estará marcando una nueva tendencia?» No lo creo,

pero por favor avísenme si aparece alguien más haciendo esto... ¡estaría muy interesado en conocerlo!

Lo confieso: A mí me molestan algunos trucos evangélicos profesionales. Por ejemplo: ¿Será que no puede funcionar el don de sanidad sin el traje blanco o bien clarito? ¿Serán necesarias las 20 sillas de ruedas vacías arriba del escenario cuando hay campaña de sanidad? ¿Será imprescindible que un teclado haga una música melódica para ayudar al Espíritu Santo al final de la predicación, y que al terminar el mensaje se cante la misma canción cuatrocientas veces y media para que el público llore? Yo sé... son costumbres que muchas veces se hacen solo por inercia y no por pretender manipular un resultado en las emociones de la gente. Pero, ¿no están de acuerdo conmigo en que valdría la pena revisar por qué hacemos lo que hacemos y decimos lo que decimos?

Sigo... ¿Hace falta practicar trabalenguas para ayudar a que el Espíritu nos dé el don de lenguas? ¿Hace falta hacer sentir miserable a la gente para que así pase al frente? ¿Por qué la gran mayoría de las profecías que escuchamos son tan positivas y elogiosas, y terminan con la frase «a las naciones»? ¿Nunca es la profecía un juicio o una condición dada por Dios al estilo de los profetas originales? ¿Es necesario usar corbata para entrar en la presencia de Dios? ¿Y será que el apóstol Pablo usaba la Reina Valera y solo la Reina Valera?

Creo que ha llegado la hora de movilizar las neuronas, porque al fin al cabo no tiene nada de espiritual dejar de usar el cerebro que Dios nos regaló con tanto amor. Yo creo que necesitamos una revolución intelectual en la iglesia de hoy. Necesitamos despojarnos de tanto modismo evangélico y comenzar a practicar un cristianismo más real.

Espirituales de carne y hueso

Desde la primera vez que las leí, estas palabras de Ortega y Gasset me retumbaron en la mente: *«Una buena parte de los hombres no tiene más vida interior que la de sus palabras; y sus sentimientos se reducen a una existencia oral».* ¡Eso jamás debería ser así en un líder cristiano! Un líder o una líder cristianos trabajan siguiendo a Cristo, a la manera de Cristo, y con Cristo como su realidad interior. El liderazgo cristiano no se reduce a palabras y frases cristianas. Detrás de las palabras tiene que haber un testimonio. No uno que solo tenga que ver con el momento de la conversión, sino uno que tenga que ver con el presente. Tenemos problemas, somos pecadores, pero Cristo está en nosotros y eso separa a un universo de otro. Un líder espiritual y ungido no es aquel que vive una vida color de rosa, alejado de las cosas cotidianas y negando la realidad para darle una aspirina espiritual a sus oyentes. Es aquel que a pesar de los desafíos de la vida mantiene el rumbo y da cuenta de cómo Cristo también se manifiesta en una vida normal, urbana y actual.

mi respuesta a este capítulo:

_____

_____

_____

_____

_____

_____

_____

_____

_____

_____

_____

_____

_____

_____

_____

_____

_____

_____

_____

_____

la seducción del poder

humildad sorprendente vs soberbia manipuladora

«*ESTÁBAMOS AL BORDE DEL ABISMO. PERO AFORTUNADAMENTE AHORA HEMOS DADO UN PASO ADELANTE*»

ex dictador argentino Rafael Videla

Dante <escribe>

Un hombre está perdido sobre un globo aerostático que está a unos treinta centímetros del suelo, en una esquina de la ciudad. Pasa un transeúnte y este *hombre le pregunta:*

—Perdón, le prometí a unos amigos que estaría con ellos en media hora y resulta que mi globo ha perdido altura y no se en dónde me encuentro.¿Podría usted decirme exactamente dónde estoy?

—Por supuesto —responde el peatón—.Usted se encuentra a treinta centímetros del suelo, a unos 70 grados del meridiano ecuatoriano y a no más de unos 100 metros por encima del nivel del mar, con vientos soplando desde el oeste a una velocidad de 75 kilómetros por hora.

—Oiga —pregunta el del globo—, ¿acaso usted por casualidad no es un egresado del seminario bíblico y el flamante pastor de una iglesia local?

—¡Así es! ¿Cómo se dio cuenta?

—Fácil. Me dio un montón de información inútil que no es más que teoría que no sirve absolutamente para nada, y se nota que no tiene nada de práctica en tratar con la gente.¡Por ser usted tan necio ahora voy a llegar tarde a mi compromiso!

—Oiga —pregunta entonces el peatón—, ¿y usted por casualidad no será un "apóstol"?

—¡Así es! —responde orgulloso el del globo orgulloso—Pero, ¿y cómo se dio cuenta?

—Por varias razones obvias. Número uno: prometió (o profetizó, que en su caso es casi lo mismo) algo que desde ya no va a poder cumplir; número dos: está desorientado pero sin embargo siente que está en un nivel superior al mío solo porque está subido a su propio globo de gas; y número tres: ¡¡está tan perdido como antes de preguntarme,pero ahora resulta que la culpa es mía!!

Esta historia que alguna vez escuché siempre me pareció divertida y me tomé el atrevimiento de hacer mi propia versión libre, adaptándola a nuestro ámbito. Vale la aclaración de que no tengo nada en contra de los apóstoles, ya que comprendo que forman parte de los cinco ministerios bíblicos y que es un ministerio tan contemporáneo como el del pastor, el maestro, el evangelista o el profeta. Solo es una humorada para comenzar este capítulo. Si estás pensando «¡no todos son iguales!», estoy totalmente de acuerdo, pero es justamente de una generalización de donde nacen los grandes chistes.

He tenido la oportunidad de viajar a España en muchas oportunidades y he descubierto que el español es una de las personas mas cultas del mundo. La mayoría de los ciudadanos leen libros en los subterráneos, los autobuses, y aun en las plazas. Los debates televisivos de nuestra madre patria son realmente un desafío a la inteligencia, y es muy extraño ver a alguien hablando incorrectamente. Sin embargo, nos hemos pasado la vida contando «chistes de gallegos», dando por sentado que los gallegos son *todos esos españoles incultos, que además suenan gracioso porque hablan con la z»*. Esto no es cierto, pero si no hubiera una generalización, tampoco habría chiste.

Lo mismo sucede con las historias que se cuentan acerca de los argentinos, los turcos, los judíos o las suegras. Aunque casi siempre es una pizca de verdad la que ayuda a construir las bases de un chiste.

En otras palabras, no todos los argentinos son fanfarrones, es cierto, pero no es menos cierto que muchos compatriotas míos se han ocupado de regar la fama de que pensamos que «Dios está en todas partes, pero su oficina de atención al público está en Buenos Aires». Y tampoco es menos cierto que luego de la segunda guerra mundial, muchos españoles agricultores, la mayoría sin siquiera haber pasado por la escuela primaria, tuvieron que emigrar hacia nuestra América, y fueron ellos los representantes de España que pudimos conocer por aquellos años.

Lo que intento decir es esto: Si el hecho de leer el chiste del apóstol sobre el globo aerostático hizo que por lo menos te sonrieras, eso arroja varios datos interesantes. En primer lugar es obvio que hay una pizca de verdad (posiblemente una injusta generalización, puesto que siempre hay muy buenas excepciones). En segundo lugar es muy posible que hayas asentido con la cabeza y pensado: *«Es cierto, es así»*. O sea que el tema ya está instalado en nuestro subconsciente. De otro modo, no tendría sentido el chiste.

Por lo tanto, una simple historia cómica nos lleva a la conclusión de que hay algo que estamos interpretando mal respecto a ciertos «reinados feudales» en nuestras congregaciones, y no es casualidad que para muchos la palabra «apóstol» signifique una acumulación de poder que nada tiene que ver con el verdadero apostolado.

Por cierto, gracias a Dios hay muchos que ejercen este extraordinario ministerio comprendiendo lo que realmente significa. Aunque este no sea el tema principal del capítulo, vale decir que el ministerio del apóstol, por su importancia estratégica, ocupa un lugar prominente entre los demás. Aparece generalmente encabezando las listas en que se lo menciona, posiblemente por la autoridad espiritual que representa, y, como ya dije, estoy convencido de que el don apostólico está vigente en la actualidad.

El apóstol es alguien enviado con un mensaje, es alguien que establece una iglesia, que ejerce autoridad y que cumple el ministerio de restauración de pastores e iglesias. Alguien dijo una vez que una buena manera de definir el don apostólico es: *«La capacidad espiritual sobre creyentes e iglesias, que reconocen dicha autoridad de manera voluntaria»*.

Predicólicos, la adicción legal

Todos los que ejercemos cierto grado de liderazgo tenemos la enorme responsabilidad de ver como administramos esa influencia que el Señor nos permite tener sobre determinadas personas. No es la gente la que tiene que aprender a ubicarse en su rol de ovejas, sino nosotros los que tenemos que comprender hasta donde llega nuestro rol de pastor.

✳ LucasLeys <comenta>
¡Wow! ¡Sensacional concepto! Es esclarecedor ver nuestra función desde esta perspectiva, porque somos los líderes los que tenemos la responsabilidad de guiar a las ovejas, y no las ovejas de seguirnos.

Y cuando hablo de «pastor» me refiero a cualquier tipo de liderazgo en el que esté involucrada gente que de algún modo esté bajo tu autoridad. Ya no hablo solo de de apóstoles sino de cualquier ministerio que te otorgue influencia sobre los demás.

Mike Yaconelli definió una vez a los líderes como «predicólicos» (adictos a predicar), haciendo un acertado diagnóstico de cómo funciona esta relación entre líderes y liderados:

«A la gente le encantan los predicólicos. Existe una demanda de predicadores, un mercado insaciable de comunicadores; existen oportunidades sin límite. No es fácil comunicarse con esta generación, así que los que sí pueden tienen mucha demanda para conferencias, campamentos, retiros, y festivales. Los predicadores pueden encontrarse con sus agendas llenas dos o tres años por adelantado. (...) El predicar no es un ministerio; es un narcótico, una adicción. Es una seducción más fuerte que el sexo. El predicar está enredado con nuestros egos. Predicar tiene el control. Predicar es peligroso. Predicar crea una ilusión de necesidad, de poder, de control. Los predicadores son tratados como personas un poquito más especiales que otros. Reciben honorarios, hospedaje privado y todos los gastos pagados. Aún dentro del mundo de la iglesia cristiana, los predicadores desarrollan seguidores y experimentan de alguna manera una pequeña fama. La fama siempre es peligrosa. La fama siempre es destructiva. La fama aísla a los predicadores y los convence que son importantes y fundamentales. La fama seduce a los predicadores para creer en su propio comunicado de prensa. Predicar contamina a todo predicador. Y no hay excepciones. Ningún predicador deja el mundo de los predicadores ileso. Ninguno. De hecho, la única manera de que un predicador pueda escapar de las consecuencias negativas de predicar es dejando de predicar. No existe otra manera. Predicar es una prisión de máxima seguridad de la cuál no hay escapatoria. Predicar es una droga más peligrosa que la heroína, porque nadie trata de detener tu adicción; de hecho, la apoyan. "Sé que estás ocupado, pero... ¿no existe alguna manera de que puedas incluirnos en tu agenda?" "Oye, no queremos que dejes a tu familia... ¡vamos a pagar los gastos para que tu familia también venga!"

¿Y qué hay con los efectos secundarios? Los predicadores viven con el terror de pensar que algún día nadie los invite a predicar. Los predicadores se quejan y gimen por su horario tan exhaustivo, mientras intentan encontrar una manera de meter un compromiso más para predicar. Los predicadores no tienen fuerza de voluntad, ni la capacidad de discernir. Aceptan todas y cada una de las invitaciones sin importar el precio que todos a su alrededor tengan que pagar».

Es obvio que, como todo adelantado, Mike fuera tan criticado y rechazado por ciertos círculos eclesiásticos, tal como suele suceder con aquellos que son frontalmente sinceros y ofrecen una descarnada crónica de la realidad.

No estoy diciendo, como tampoco lo hacía Mike, que todos los predicadores sean adictos a la aprobación de los demás, pero no podemos dejar de ver que muchas veces se intenta construir un ministerio en base a una agenda, cuando debería ser exactamente al revés.

Es cierto que toda personalidad proclive a liderar también se inclina hacia un activismo productivista, pero es justamente allí donde se encuentra uno de los peligros más sutiles. Si un líder se aísla y vive en medio de una vorágine de activismo es imposible que pueda encontrar espacios para renovar su mente y sus emociones. Como dijo cierta vez un conocido autor: *«El activismo vulnera aun más nuestra ya vulnerable humanidad y nos lleva a lidiar con la vanidad. Si una mente desocupada es el taller de satanás, una mente extenuada constituye la usina del demonio».*

LucasLeys <comenta>

En muchas ocasiones tengo una disputa personal con el cansancio. Me gusta hacer lo que hago. Veo la necesidad. Me apasiona la extensión del Reino de Dios y al ser muy imaginativo siempre estoy metido en nuevos proyectos. Pero a veces me canso y cuando estoy cansado tiendo a ser mucho más irritable y más impaciente. Y tengo que trabajar ese aspecto de mi liderazgo. En esas circunstancias doy gracias a Dios por mi esposa. Ella me lo dice sin anestesia: *«No te voy a escuchar porque estas extenuado».* Valeria me da la orden: *«¡Primero a dormir y después hablamos!»* Esa pausa me hace muy bien y me ha enseñado a tomar más control sobre mi cuerpo y a ejercer una mejor mayordomía de mi tiempo.

¡Nadie toque al ungido!

Es altamente seductor para nuestro ego cuando luego de predicar o de realizar un evento en el que fuimos efectivos, cosechamos los aplausos o las felicitaciones de las personas que fueron afectadas positivamente. El peligro es cuando nuestro ministerio comienza a tomar tal magnitud que nos coloca en un sitial inalcanzable donde nadie jamás volverá a atreverse a criticarnos o a disentir porque somos «los siervos de Dios», con el teléfono rojo de línea directa con el cielo, recibiendo órdenes del

Padre que son incuestionables para el resto y no están sujetas a ningún tipo de debate o discusión ni siquiera por nuestro entorno mas íntimo (que a estas alturas posiblemente sean nuestros empleados y no estén dispuestos a poner sus puestos de trabajo en peligro contradiciéndonos). Lo realmente trágico es que la soberbia está solo a un escalón de distancia de la autoridad, y en ocasiones los líderes suelen transformarse en personas intransigentes que ya no están dispuestas a escuchar los consejos de nadie.

> **LucasLeys <comenta>**
> Esto no es para todos pero entiendo que tengo que decirlo. Hoy, en los dos ministerios que lidero (tanto en Vida como en Especialidades Juveniles) he intentado mantener un buen equilibrio entre voluntarios, consejeros y empleados. A medida que los ministerios crecen es lógico que haya más y más gente que viva del ministerio a tiempo completo. Pero si todos los que nos rodean están en relación de dependencia laboral con nosotros, estamos en un gran peligro de que todos nos digan solo lo que queremos escuchar y tristemente he visto como este es el cuadro de algunos pastores de mega iglesias y otros líderes destacados.

Muchas personas, cuando piensan en el liderazgo, erróneamente piensan en términos de poder. Voltaire supo decir: *«La pasión de dominar es la más terrible de todas las enfermedades del espíritu humano».*

Recuerdo que hace muchos años salió a la luz la doble moral de un popular predicador, y resultó que la mayoría de sus colaboradores y empleados lo sabían desde hacía años. Cuando un periodista le preguntó a su asistente personal acerca del porqué de su silencio cómplice, este sonrió a la cámara y respondió: *«Es que nadie quería matar a la gallina de los huevos de oro».* En otras palabras, todos sabían del pecado de su líder, pero el conflicto de intereses y la necesidad de cobrar el salario fueron la mezcla perfecta para que permanecieran callados.

> **LucasLeys <comenta>**
> Quizás sería bueno notar que cuando el pecado salió a la luz también quedaron todos esos empleados desempleados…

Para muchos es muy fácil ser un Natán que señala con el dedo al adúltero de David siempre y cuando no pertenezca a su plantel de empleados, para luego poder salir del palacio a continuar con su vida sin grandes contratiempos.

En otras ocasiones no se trata necesariamente de pecados ocultos que haya que denunciar, pero sucede que el líder comienza a manejarse con una impunidad similar a la de algunos dictadores que han aparecido a lo largo de la historia en nuestros países latinos. Solo que en vez de una nación manejan su ministerio totalmente a su capricho y antojo, sin rendir cuentas absolutamente a nadie, ya que «nadie puede estar por encima del apóstol». Y si otros apóstoles colegas quisieran intervenir de algún modo, se resuelve de manera expeditiva subiendo al nivel de «obispo», que comparado con el catolicismo es casi una posición papal donde accede a la infalibilidad en todo lo que haga o diga y sus decisiones son incuestionables para cualquier otro mortal.

Es obvio que creo en la sujeción pastoral, y estoy convencido que no hay otra manera de crecer saludablemente en todos los órdenes de la vida espiritual si no es bajo autoridad. Pero una cosa es la autoridad espiritual delegada por el Señor a quienes respetamos y honramos, y otra muy distinta es cuando esa autoridad linda con la manipulación o la soberbia que emerge de la vanidad.

Por cierto, el término *«vanidad»* aparece 75 veces en la Biblia. Se encuentra mayoritariamente en el libro de Eclesiastés (28 veces), siguiéndole los Salmos (10 veces). Otros libros como Isaías y Jeremías empatan con 8 registros de esta palabra. En los Salmos, *«vanidad»"* se usa como un adjetivo para la naturaleza humana: pasajera, mortal, perecedera y débil.

Ahora me viene a la mente la escena final de la película «El abogado del diablo», en la que Al Pacino interpreta al mismísimo Lucifer. Cuando parece que su víctima ha logrado escapar de sus tentaciones, él se las ingenia para volverlo a seducir, y, mirando a cámara, dice con una sonrisa y un guiño de ojos: *Vanidad...definitivamente mi pecado favorito».

Que parezca un accidente

En el tratado del siglo dieciséis titulado *«El príncipe»*, el filósofo Nicolás Maquiavelo abogaba por la monarquía absoluta. Y se preguntaba si sería mejor tener una relación fundada sobre la base del amor o sobre la base del miedo. Llegó a la conclusión de que lo mejor era tener ambas, pero cuando esto no era posible él consideraba que lo mejor era basarse en el miedo, ya que los que se encuentran dentro de ese tipo de relación saben que les va a costar algo salir de la misma. El poder basado en el amor, decía Maquiavelo, tiende a tener poca duración, ya que el seguidor no tiene miedo a represalias.

En otras palabras, estaba exponiendo un principio por el cual se rigen muchos líderes en la actualidad. Pero Jesús nunca recurrió a la explotación del miedo.

Recuerdo a un líder muy conocido que en varios círculos de sus colegas era llamado «El padrino». Se había ganado ese apodo por su carácter de intocable, porque jamás se reunía con sus pares, porque siempre estaba rodeado por una docena de guardaespaldas, y porque los demás pastores de la ciudad afirmaban que *«conviene tenerlo de amigo y nunca en la vereda de enfrente»*. Sus propios líderes no podían tomar ni la más mínima decisión personal sin que «El padrino" diera su consentimiento, desde ponerse de novios hasta casarse, mudarse de casa o cambiar de empleo. Y si no era directamente con él mismo, estaban obligados a consultarlo todo con «su líder inmediato», el cual a la vez reportaba a la cabeza principal del ministerio.

Quizás el sistema le funcionaba (de hecho, no se trataba de una iglesia pequeña), pero me sorprendía el miedo (que no era un temor reverente que surge por el respeto sino un pánico atroz) que todos le tenían a este apóstol principal. Por cierto, en mi programa radial solía hacer una parodia respecto a esto, en la que justamente el personaje principal se llamaba «El padrino nuestro». Cierta vez su asistente le daba el reporte acerca de uno de sus miembros:

—Apóstol, tengo que reportarle que el hermano Alfonso hace dos reuniones que no asiste a la célula...

—Hmmm... No nos va a quedar otra alternativa mas que hacerle una oferta que no va a poder rechazar: lo vamos a tener que suspender.

—¿Lo suspendemos del liderazgo?

—No, ¡lo vamos a suspender de una cuerda!

Causa gracia pero es patético. Y no me escriban pidiéndome las grabaciones de la parodia porque ya me ocupé personalmente de quemarlas.

El diario de Yrigoyen

Ninguno de nosotros está exento de caer en el gravísimo error de convertirnos en predicólicos y eventualmente en dictadores de nuestro propio territorio. El manejo del poder, el hecho de saber que miles de personas estarían dispuestos a hacer cualquier cosa que digamos, sumados a tener holgadamente resuelto el problema financiero, han sabido en muchas oportunidades nublar la visión de algunos hombres de Dios que habían comenzado humildemente, pidiendo la asistencia y la guía del Señor durante los primeros pasos ministeriales.

Cuando nos toca estar frente a un público que ovaciona cada declaración, celebra cada revelación y nos hace sentir infalibles, necesitamos estar extremadamente conectados al Espíritu Santo para no caer en la tentación, y fundamentalmente necesitamos estar rodeados de personas que puedan aconsejarnos, apuntalarnos e incluso, llegado el caso, estén autorizados para darnos un tirón de orejas; Obviamente los empleados no cuentan, por razones obvias.

Cuando manejamos cierto grado de poder tendemos a escuchar solo aquello que nos agrada y nos volvemos selectivos aun con nuestro propio entorno o con nuestros pares. ¿Cuántas veces hemos oído la frase: *«Al pastor no le lleven mala onda, solo palabras que lo bendigan, porque necesita estar concentrado»*? El tema es que si está concentrado todo el día, ¿cuándo tendrá tiempo para pastorear y ver la realidad de sus ovejas?

En Argentina ocurrió un hecho muy particular durante el segundo mandato de un presidente llamado Hipólito Yrigoyen, allá por el año 1930. Como el mandatario había dado órdenes expresas de que no le dieran malas noticias, sus colaboradores decidieron imprimirle un periódico ficticio (de un solo ejemplar) en el que presidente solo pudiera leer buenas noticias. Allí lo colmaban de halagos, y desde los titulares hasta las letras pequeñas hablaban de lo extraordinario de su gestión. Cientos de periodistas subvencionados por el estado trabajaban todos los días para imprimir un solo periódico que cada mañana se ocupaban de colocarle junto a su desayuno. Obviamente aquella información no correspondía a la realidad. Por el contrario, el país estaba en llamas y la economía colapsaba, pero el presidente no estaba enterado porque leía un periódico diferente al del resto de la población.

Muchas veces estoy por subir a una plataforma, estoy a punto de predicar o de salir por televisión, y le pido a mi equipo que trate de evitarme las malas noticias o aquello que pueda restarme concentración. Pero terminado mi trabajo puntual, es necesario y vital que me siente con ellos y discuta los problemas o las situaciones que pueden estar saliéndose de control o que necesitan mi atención.

Mi equipo sabe que si ven algo que está saliendo de su tendencia habitual, quiero saberlo a los pocos días o incluso a horas de que esto suceda. Y lo mismo si alguien nota que estoy saliéndome de la visión o estoy teniendo actitudes déspotas, groseras, o que estoy irritable. Doy gracias a Dios porque siempre hay un equipo (que no está ganando un salario conmigo) que puede llamarme y decirme: *«Dante, notamos que algo está mal en ti, No sabemos qué es, pero nos tiene preocupados»*. No hay otra manera de evitar la soberbia en el ministerio. No podemos trabajar para el Reino sin rendir cuentas a nadie, ni tampoco decir: *«Yo solo respondo al Señor y a mi familia»*.

Por esa misma razón, cuando la gente que me rodea me dice: *«Todo está bien, todo anda sobre ruedas»*, yo suelo mirarlos a los ojos y preguntarles: *«¿No me estás haciendo el diario de Yrigoyen, verdad?»*. En ocasiones comienzan a sonreír, cierran la puerta de la oficina y me cuentan lo que realmente está sucediendo.

A veces me pregunto si los líderes actuales, en el caso de encontrarse con un Natán que los confrontara cara a cara, no lo harían echar por sus guardias de seguridad alegando que se atrevió a juzgar la integridad del pastor. ¿Cuántos de nosotros estaríamos dispuestos a reaccionar como el Rey David y gritar: *«¡Señor, no quites de mí tu Santo Espíritu!»*?

David sabía cuáles eran las consecuencias de perder la unción. Él había sido testigo preferencial de la caída de Saúl, y había presenciado en primera fila cómo un ungido puede terminar endemoniado y atormentado por espíritus del infierno. Él había visto cómo alguien del cual el profeta Samuel se jactaba diciendo que «no había ninguno como él en toda la nación», tiempo después frecuentaba las brujas esperando obtener una palabra de aliento para su futuro. Y por eso fue que David, incluso en medio de algunos momentos erráticos de su vida, supo mantener la sencillez de su corazón.

Ahora una aclaración necesaria: Esto no es patrimonio exclusivo de las iglesias grandes o de los ministerios que cuentan con mas flujo de dinero. He conocido muchos líderes de iglesias pequeñas que se manejan con la inmunidad de un diplomático gubernamental.

Una vez un pastor amigo mío que ya está con el Señor me dijo: *«El día que dejes de escuchar a otros, comenzarás a morir en tu propia necedad»*. Y no es otra cosa que la «paráfrasis por oposición» del popular proverbio: *«En la multitud de consejeros está la sabiduría»*.

No te quedes solo. No te aísles. Ya sea que estés al frente de treinta jóvenes o que le prediques a cien mil en un estadio, rodéate de gente más espiritual que tú mismo. Siéntate a los pies de los que más saben solo para escucharlos hablar. No dejes de leer y de aprender de las experiencias de otros. Escucha los sermones de alguien mas.

Y tú que ahora que estás en el llano, toma lista de lo que nunca harías y contrata a alguien para que te lo recuerde cuando estés en las grandes ligas.

Y por sobre todas las cosas, tengas la posición que tengas, cuídate de alguien muy peligroso y destructivo que ya ha demostrado que no es confiable y que ha hecho fracasar a muchos consiervos. No lo escuches. No permitas que te critique ni te que halague. No tienes buenas referencias suyas como para que tengas que dignarte a oírlo.

No, no hablaba del diablo. Cuídate de ti mismo.

mi respuesta a este capítulo:

_____

_____

_____

_____

_____

_____

_____

_____

_____

_____

_____

_____

_____

_____

_____

_____

_____

_____

_____

8

paren el
ministerio
que me
quiero bajar

estrategia inteligente vs activismo ministerial

«DE TANTO CORRER POR LA VIDA SIN FRENOS, ME OLVIDÉ QUE LA VIDA SE VIVE UN MOMENTO; DE TANTO QUERER SER EN TODO EL PRIMERO, ME OLVIDÉ DE VIVIR LOS DETALLES PEQUEÑOS»

Julio Iglesias

Dante <Escribe>

Cuando cumplí cuarenta años, decidí escribír una crónica muy divertida respecto al tema que luego decidímos publicar en el libro *«Monólogos II, la leyenda continúa»* con esta misma editorial. En ella me tomo la licencia de reírme de los detalles cotidianos que la mayoría de nosotros tenemos en común.

El tema es que, más allá de los regalos de mi querida familia, consideré que era el momento ideal para regalarme algo a mí mismo. Nunca antes lo había hecho y esta podía ser mi oportunidad. Tenía que ser un artículo más valioso que un objeto o que algo que simplemente pudiera comprarme en una tienda. Tenía que ser un obsequio que me fuera útil por el resto de mi vida y que solo yo pudiera regalarme.

Así que luego de meditarlo bastante (podría decirse que ya lo venía meditando desde hacía muchos años), al cumplir los cuarenta me regalé el «no». Lisa y llanamente me regalé esa pequeña palabra de dos letras que no me había atrevido a usar en todos mis años de ministerio. Si el mismo Señor Jesucristo la utilizaba (de hecho, él sabía descansar o simplemente escapar de las multitudes cuando lo consideraba necesario), no veía el motivo por el cual yo no pudiera hacerlo también. Y entonces me la regalé a mí mismo.

Nuestro Señor siempre fue alguien enfocado. Ni una sola vez se salió del carril, y mantuvo siempre su vida en el curso correcto. Él no sanó a todos y no predicó a todos, pero sin embargo dijo: *«Consumado es»* (lo que significó «la obra fue terminada», «la misión fue cumplida»). Él podría haber sido un héroe nacional, o un revolucionario político, sin embargo estaba enfocado en la única tarea para la que había sido enviado.

Durante muchos años yo le había dicho «sí» a casi cualquier invitación que me hubiera llegado para predicar. He estado en cuanto congreso, campamento, cruzada, evento especial, cena de matrimonios, reunión de jóvenes, adolescentes, damas, hombres y abuelas se organizara. Aunque conste que siempre me negué a hacer viajes a Tierra Santa y a subirme a un crucero de matrimonios cristianos.

Mi necesidad de sentirme útil para el Reino y de ser efectivo en el ministerio hizo que durante mucho tiempo corriera tras la agenda y llegara exhausto a la cama, pensando que así estaba aprovechando mejor mi tiempo en la Tierra. Por ende, me ha costado muchísimo emplear el «no», y mucho más hacer uso frecuente del mismo.

Cuando digo que me regalé el «no» es exactamente eso, sin rodeos. Si me invitan a un sitio donde no tengo ganas de ir o sé que sacrificaré calidad de tiempo con mi familia, simplemente respondo: *«No»*. Obviamente las re-preguntas no tardan en llegar: *«¿Es un tema de ofrenda?», «¿Es una cuestión de agenda?», «¿Se trata de un pasaje de avión en primera clase?»*. Sin embargo no es nada de eso. Es solo que estoy haciendo uso de mi nuevo regalo.

No es que yo sea arbitrario, es que el «no» me mantiene enfocado en aquello que fui puntualmente llamado a hacer. No voy a ningún sitio «para que no se ofendan» ni «para quedar bien». Ante cada potencial compromiso, me ocupo diligentemente de pasarlo por el tamiz de mi enfoque ministerial:¿Esto ayudará a aquello que fui llamado a hacer en este momento? ¿Estoy haciendo esto solo por inercia o por ser políticamente correcto, o realmente se trata de Dios pidiéndome que lo haga?

Y en ocasiones incluso suelo ser más drástico (confieso que debe ser porque ya pasé las cuatro décadas). Me miro al espejo y me pregunto: «Si hoy fuera el último día de mi vida, ¿quisiera hacer lo que voy a hacer hoy?». Si la respuesta es «no» durante demasiados días seguidos, entonces sé que necesito cambiar algo en mi lista de prioridades.

> *** LucasLeys <comenta>**
> Esta última palabrita resulta vital para entender la idea motora detrás de un sabio «no», y aun de un sabio «sí» como lo tratamos en el capítulo sobre los propósitos. Prioridades. Esa es la clave. En mi caso aprendí a establecer un «criterio de selección» basado en mis prioridades. Gracias Dios, como es el caso de Dante y de otros, en mi caso puedo elegir entre una cosa y otra. Por eso no juzgo a los que tienen la necesidad de decir que sí a cosas que no quieren. Pero hay líderes que no tienen ninguna necesidad práctica de hacerlo y sin embargo no tienen un criterio de selección para saber cuándo decir que sí y cuándo que no, y entonces le dicen que sí a todo. Con lo de «criterio de selección» me refiero a establecer pautas claras de a qué invitaciones responder qué cosa, y por qué. Es definir en una inteligente distribución del calendario

> * cuáles deben tener prioridad, cuáles van por temporada y cuales definitivamente deben ocupar el último lugar.

En la nave insignia equivocada

Hace algunos años fundé y dirigí una revista llamada *«Edición G»*. Siempre me gustó el diseño gráfico y el periodismo, así que esta era la forma más cercana que podía tener de disfrutar de ambos oficios, además de editar un buen material para jóvenes. La mantuvimos con éxito por tres años. Vendíamos muchísimos ejemplares, le dábamos trabajo a varias familias, y llegamos al tope de los avisos publicitarios teniendo que dejar en lista de espera a varios clientes porque ya habíamos superado el porcentaje estipulado sobre la cantidad total de páginas destinadas a la venta.

Un viernes por la mañana estaba atascado en el infernal tránsito de Buenos Aires tratando de llegar a la oficina para cerrar una nueva edición de la revista. Y fue entonces que en la luz de un semáforo que parecía eterno y con el sol de frente pegando sobre el parabrisas del automóvil, me hice la pregunta crucial. Llamé a mi esposa y le dije:

–Liliana, no estoy seguro de si quisiera hacer esto por el resto de mi vida.

–¿A qué te refieres? Te gusta hacer la revista. Lo disfrutas.

–Es cierto, pero he transformado esto en mi nave insignia. Dedico treinta días al mes, durante casi doce horas diarias, a escribir notas, hacer producciones fotográficas, colocar epígrafes, corregir los manuscritos, revisar una y otra vez los originales... Lo que intento decir es que si este fuera el último año de mi vida no quisiera estar haciendo esto. Ocupa la mayor parte de mi tiempo y estoy relegando otras cosas que también podría y quisiera hacer.

Ese mismo día llegué a la oficina y, ante el asombro de todo el equipo, anuncié que terminábamos la revista. Editaríamos un último número de lujo y haríamos una fiesta para celebrarlo. ¡Nunca me sentí tan feliz de recobrar mi enfoque, aunque muy pocos podían entender mi decisión! Nadie se baja fácilmente del tren del éxito, pero yo no estaba dispuesto a pasarme el resto de mi vida detrás de un escritorio.

El propósito del aceite

Max Lucado cuenta la historia del cuidador de un faro que recibía aceite una vez al mes para mantener la llama ardiendo. Una vecina le pidió aceite para calentar su casa, un padre necesitaba aceite para su lámpara y alguien más necesitó aceite para lubricar una rueda. El cuidador accedió a todos estos pedidos, porque todos eran pedidos justificados y causas nobles.

Cerca de fin de mes, el faro se apagó por falta de aceite y varios barcos encallaron en los acantilados. Sus jefes lo despidieron de inmediato, diciéndole: *«Se te dio el aceite por una sola razón: queríamos que mantengas el faro ardiendo».*

Todos los líderes tenemos un llamado de Dios. Eso es indiscutible. Pero el gran secreto para ser efectivos en ese llamado es descubrir para qué se nos dio el aceite.

No podemos suplir las necesidades de todo el mundo. No podemos complacer a todo el mundo. Si lo intentamos, se nos acaba el aceite y terminamos estresados, quemados, extenuados y con ganas de abandonarlo todo. Una de las principales causas del agotamiento ministerial es justamente la ausencia de enfoque, el querer hacerlo todo transformándonos en «aprendices de todo y maestros de nada». Los líderes que han padecido este «síndrome del mesías» han colapsado antes de poder cumplir con su misión.

No podemos dejarnos influenciar por las teologías de moda o por las nuevas corrientes ministeriales que surgen a diario. Necesitamos tener una vida de liderazgo con estrategia, con una prioridad definida y enfocada. No podemos ser líderes erráticos ni tener corazones distraídos como si sufriéramos de hipo espiritual, saltando de un sitio a otro. Necesitamos definir para qué fuimos llamados y qué ministerio queremos construir.

Predicadores famosos deprimidos

Todos recordamos el caso de Elías al momento de meterse dentro de una cueva con ganas de morir. Es solo uno de los tantos casos bíblicos. Jonás podría ser otro, pero Elías es el que más sorprende porque venía de vivir una gran victoria.

«Allí pasó la noche en una cueva. Mas tarde, la palabra del Señor vino a él. –¿Qué haces aquí, Elías? –le preguntó.» (1 Reyes 19:9)

Es importante notar que Dios no le dijo: *«¿Qué haces allí?»*, como si él estuviera fuera de la cueva mirándolo desde afuera, sino que le dijo *«¿Qué haces aquí?»*, lo cual significa que el Señor estaba junto a él. Solo que le estaba diciendo que no era el lugar indicado para permanecer.

Esa misma pregunta la he sentido de parte del Señor infinidad de veces. *«¿Qué haces aquí, Dante?»* Me ha sucedido durante almuerzos de compromiso, en aburridos ágapes pastorales, e incluso en la habitación de un hotel horas antes de predicar en algún congreso. La pregunta conmueve el alma y te pone a reflexionar acerca de las motivaciones, de por qué estás haciendo lo que estás haciendo.

Cuando no logramos enfocarnos de manera estratégica, terminamos en el agotamiento que posteriormente conduce a la depresión. La palabra depresión viene del latín *«depressio»* que quiere decir «hundimiento». Los síntomas más comunes son: falta de concentración, insomnio, tristeza profunda, falta de motivación, vacío interior, pérdida de interés por las cosas pequeñas de la vida, pérdida de energía, fatiga constante, cansancio, irritabilidad, bajo nivel de productividad, imposibilidad de tomar decisiones importantes, olvidos, dolores musculares y desinterés sexual. Esta patología puede desencadenar cáncer, diabetes, y desórdenes hormonales por nombrar solo algunas posibles consecuencias. Y ni hablar de los cientos de casos de hombres de Dios que pecaron solo porque se sentían «agotados espiritualmente». No olvidemos que el lavado de cerebro en los campos de prisioneros se hacía cuando los reclusos estaban desgastados y quemados mentalmente. Era ahí cuando podían «reprogramarlos», porque sus almas quedaban indefensas.

Si el enemigo no puede detenerte, te sobreactivara. Y, como dijo un colega: *«La falta de tiempo no es del diablo, la falta de tiempo ¡ES el diablo!»*

Charles Spurgeon pasaba tres meses al año sin predicar por las grandes depresiones que solía sufrir. En 1866 escribió en una carta a su congregación: *«No puedo predicar este domingo. Soy objeto de una depresión tan profunda que deseo que jamás les pase a ninguno de ustedes algo así».*

También Martín Lutero, en 1527, escribió: «*Por más de una semana he estado a las puertas de la muerte y el infierno. El contenido de la depresión es siempre el mismo: en ocasiones pierdo la fe en que Dios es bondadoso y en que lo es para mí también*».

En algún punto, y al igual que el profeta Elías, estos hombres perdieron la perspectiva correcta de su servicio a Dios y se centraron en una vorágine de actividades en la que la agenda tomó el asiento del conductor.

Miedos conocidos

A lo largo de los años he podido observar que los líderes solemos convivir con miedos íntimos. No llegan a ser patologías, pero son temores que se instalan en nuestro ministerio y, por alguna extraña razón, aprendemos a convivir con ellos. Uno muy popular es el miedo a los silencios. Existen muy pocos predicadores que durante su exposición dejan siquiera algunos segundos para la reflexión o para que el público pueda asimilar lo que ellos acaban de decir. Se suelen rellenar los espacios con: «*¿Cuántos dicen amén?*», «*¿Cuántos lo creen?*», «*¡Dele un fuerte aplauso al Señor!*» o, lo que es peor, frases como: «*Dígale al hermano que está a su lado...*» o «*Repita conmigo lo que acabo de decir*». Si acaso todo fuese dicho en honor a la homilética o por el mismo arte de la oratoria no estaría mal, pero la mayoría de las veces es por miedo, por pensar que si hay demasiado silencio significa que no hay retroalimentación o que el público debe estar aburrido o que no está entendiendo. Así que lo mejor es aniquilar todos los segundos de posible silencio.

En la misma línea de pensamiento, existe el temor a que nos olviden o a que «Dios nos deje de usar», y esto lo relacionamos exclusivamente con la agenda. Me he encontrado infinidad de veces con ministros que salen a viajar por el mundo con «la agenda abierta». Es decir, toman una invitación para predicar en alguna ciudad, y si allí mismo al terminar el servicio alguien más los invita para el próximo domingo, abren la agenda y se quedan una semana más, dos, tres o lo que haga falta, alegando: «*¡Me estalló el ministerio! ¡No dejo de recibir invitaciones!*». Y así van agregando fechas como si estuvieran completando un cartón de lotería. Como si la espiritualidad y la unción dependieran de cuánta gente los invite y no de su relación íntima con el Señor.

Es un dato oficial: Así como los líderes le tenemos miedo a los silencios, también le tenemos pánico a quedarnos quietos.

✳ LucasLeys \<comenta\>

Hace tiempo escuché con mucha sorpresa a un pastor entrado en años que contaba que su sueño era tener el pasaporte lleno de sellos. No solo me pareció un sueño absurdo, sino que me dio lastima por él. Se trataba de uno de esos casos que siempre le ven el pasto más verde al jardín del vecino. Lo de viajar de un lado al otro es un sacrificio, no un pasatiempos. Tiene ganas de viajar quien le encuentra novedad, ¡no quien vive arriba de un avión! Por eso cuando veo que algunos glamorizan eso de tomar tantos aviones e ir de un país al otro siento lastima por ellos. Pasar por la aduana, cargar maletas, dormir en otra cama, cambiar de temperatura y de presión atmosférica, cambiar la comida y los ojos que te miran, escuchar cantidad de comentarios irrelevantes y siempre las mismas preguntas… todo eso es muy cansador. No es una queja, ya que sin duda también tiene su emoción y sus privilegios, pero es importante comentar esto para los ingenuos que creen que al invitarte y pagarte un avión y hospedarte en un lindo hotel te hacen un favor…

No te muevas

¿Has visto a alguien alguna vez pegar en su nevera o en su automóvil una calcomanía que diga: «Quédate quieto»?. Sería extraño, ¿no? Los «Esfuérzate y se valiente» se ven mucho mejor. Aunque ambos estén en la Biblia, el primero pareciera que fuera de menor categoría, o menos bíblico.

«Ustedes quédense quietos, que el Señor presentará batalla por ustedes.» (Éxodo 14:14)

«Pero ustedes no tendrán que intervenir en esta batalla. Simplemente, quédense quietos en sus puestos, para que vean la salvación que el Señor les dará…» (2 Crónicas 20:17)

«Quédense quietos, reconozcan que yo soy Dios…» (Salmo 46:10)

Nos parecemos a algunos niños que no pueden permanecer quietos. Solo que ellos lo hacen porque desbordan energía, y nosotros porque asumimos que a mayor activismo, mayor unción. Pero casualmente es todo lo contrario: No hay nada que atente tanto contra la unción y la consagración como el agotamiento físico, mental y espiritual.

El genial Mike Yaconelli solía decir varias cosas interesantes que se me han grabado a fuego en la memoria:

«No es el pecar demasiado lo que nos está matando, sino que es nuestro horario el que nos está aniquilando. No tenemos tiempo para los cónyuges, los hijos, ni los detalles importantes. No llegamos a casa tambaleando por el alcohol sino por el cansancio, porque vivimos demasiado rápido y dejamos a Jesús como una manchita que se aleja en el espejo retrovisor. ¡El reloj y las fechas de pago son nuestro verdadero problema!»

Actualmente vivo en California, y me he dado cuenta que en las autopistas no hay carriles para ir paseando apaciblemente. No existe un carril para ir mas despacio que el resto. Todo el mundo conduce apurado, y si no te sumas a la velocidad es mejor que tampoco te subas a la autopista. «No sé a dónde voy, ¡pero debo llegar ya!» pareciera ser la consigna de los conductores californianos. No debemos seguir este ejemplo. Ser un líder no significa invitar a Jesús a que corra junto a nosotros, sino reconocer que él desea que nos detengamos a escuchar su voz.

El agotamiento del alma es mas peligroso que el alcoholismo o que cualquier otra adicción, porque el efecto residual del cansancio ministerial es el pecado. Los líderes que han pecado con su secretaria arrojando por la borda la solidez de su ministerio, su integridad personal y un matrimonio de treinta años por quince minutos de pasión hormonal, casi siempre terminan confesando que lo hicieron porque estaban abrumados por las responsabilidades del ministerio y agotados físicamente, sin poder tener un refrigerio espiritual.

Por eso es que un famoso autor solía decir: *«Cuando tomas la adoración pagana de la ocupación y le sumas el mandato bíblico de alcanzar al mundo, obtienes una combinación letal».*

Primero lo primero

A lo largo de estos años he cometido, debido al activismo ministerial, muchísimas tonterías de las cuales estoy profundamente arrepentido y por las cuales he pedido perdón a mi familia, ya que ellos fueron los mas afectados.

Hace unos quince años atrás, nuestro niño comenzó con algunas líneas de fiebre, luego continuó con vómitos y resultó tener un virus que le ocasionó un grave problema gastrointestinal el cual lo dejó hospitalizado. En cuestión de horas estaba vomitando sangre ante nuestra desesperación de padres primerizos. Mientras veíamos a nuestro niño que apenas podía abrir los párpados, los médicos no daban con el diagnóstico correcto ni nos ofrecían esperanzas respecto de su pronta recuperación.

En medio de esa crisis, recordé que ese mismo día debía cumplir con una invitación para ir a predicar a un país vecino. Mi esposa siempre fue un apoyo incondicional y jamás se interpuso en que yo pudiera cumplir con las responsabilidades ministeriales, así que ni siquiera me pidió que me quedara. Pero yo sabía que no podía dejarla sola al lado de la camita de nuestro niño, que a esa altura no tenía ni siquiera fuerzas para llorar (solo emitía un gemido que aún recuerdo con dolor).

Llamé a al pastor anfitrión y le conté lo que estaba viviendo con lujo de detalles, explicándole que no estaba en condiciones anímicas para predicar, que no sentía que fuera correcto dejar a mi esposa sola, y que esperábamos un parte médico al otro día muy temprano. El pastor, sin siquiera ofrecerme una palabra de oración por mi hijo, me respondió:

—Lo siento, yo tengo todo anunciado. Si tú no vienes no se qué decirle a la gente.

—Pruebe de decirles la verdad. Dígales que mi hijo está grave.

—¡Imposible! ¡Ven ahora mismo porque te estamos esperando y yo no puedo fallarle a mi gente! —me dijo, y acto seguido colgó el teléfono enojado.

Como en aquel entonces yo aún no me había regalado a mí mismo el «no», y tenía miedo de que «me olvidaran» y de que «me dejaran de invitar», abracé a mi esposa, le di un beso a nuestro niño en la camita del hospital y me fui «a cumplir para que el pastor no quedara mal con su gente».

Dios fue fiel y nuestro niño se recuperó por su divina providencia. Pero debo serte honesto: si hoy me pasara exactamente lo mismo, puedo asegurarte que esta vez no me movería de al lado de mi familia. Ellos son mi prioridad, y no quisiera ser parte de la fría estadística de los siervos de Dios que por estar a la vanguardia ministerial pagaron con su familia y el costo fueron sus hijos o su cónyuge.

Hace poco le pedí perdón a mi esposa y a mi hijo (que, por cierto, ahora ya es un muchacho) por haberlos dejado solos aquella noche. Y les prometí que no volverá a suceder algo así mientras yo viva. Ellos pasarán una sola vez por mi vida, y no quiero perder a mis hijos por dedicarme a construir un imperio ministerial. No quiero llegar a viejo queriendo remediar como abuelo lo que no hice como padre. ¿De qué me vale ganarme el aplauso de un estadio si tengo el desprecio de mis hijos? Ese es un trueque que no estoy dispuesto a hacer.

Un gran amigo mío que toda su vida fue un adicto al ministerio terminó con un infarto masivo que lo arrojó por más de un mes en una cama hospitalaria. Recuerdo que cuando fui a visitarlo terminó dándome un consejo: «No cometas la misma torpeza que yo; detente por las buenas. Este mes he sentido la presencia de Dios como hacía años que no la sentía, y es lo mas cerca que jamás haya estado de Dios. Estoy agradecido de que esto me haya sucedido, aunque te confieso que de haberlo sabido hubiera elegido retirarme voluntariamente a una montaña a orar, en lugar de estar en la cama de un hospital».

Si te sientes identificado con esta historia y notas que estás mas cansado que lo usual, mas irritable que de costumbre, y que tu amor por la gente se está achicando, entonces significa que la alarma ya comenzó a sonar. Una buena manera de saber si estás o no al borde del estrés es preguntarte si tu amor por las almas está creciendo o se está encogiendo. Periódicamente debes revisar si aún tienes pasión por las almas o si solo tienes pasión por liderar. Recuerda de qué se trataba todo esto antes de comenzar: Almas. Ese es nuestro núcleo, nuestro objetivo, la visión inicial por la que deseábamos ser reclutados por Dios.

> **✳ LucasLeys <comenta>**
>
> Un profesor con el que estudié en el Instituto Bíblico Buenos Aires nos hizo leer el libro *«Alabanza a la disciplina»* de Richard Foster, y ahí aprendí por primera vez acerca de la disciplina del retiro. Desde entonces, y hace más de 15 años de esto, todos los años me tomo algún tiempo en el año para mí. Usualmente de manera casi obligatoria entre el 15 de diciembre y el 15 de enero no acepto subirme a un avión ni a un púlpito. Han habido algunas excepciones muy puntuales, pero ha sido un compromiso que he protegido sin descuido. Y aun cuando han habido excepciones, siempre he compensado esos días. El tomarme vacaciones con mi familia y también a solas ha sido la cuna de muchas de las cosas que Dios ha hecho conmigo, y ha renovado mi vida para seguir activo el resto del año.

Si necesitas buscar un claro en medio de la jungla, hazlo de inmediato. Si ves el incendio de tu propia casa desde afuera, entonces tienes la perspectiva incorrecta. Antes de que el fuego consuma tu templo, las alarmas comenzarán a sonar desde adentro. Y solo tú puedes oírlas, nadie más. Todo el resto te alentará a seguir llenando la agenda, a tomar más compromisos que los que puedes cumplir, y a conducir por los carriles rápidos del ministerio.

Es hora de vencer el pánico a que los reflectores se posen sobre otra persona. Por nuestra propia salud mental es bueno que sepamos que eventualmente eso sucederá, y si te queda alguna duda pregúntale a Juan el Bautista...

Necesitamos detenernos, quedarnos quietos para reagruparnos, revisar a fondo aquello que haga falta reparar, corregir los rumbos incorrectos, hacernos de nuevas provisiones, refrescarnos el alma... para luego salir nuevamente al ruedo. No hay nada peor que el olor del aceite viejo o rancio. Necesitamos renovarlo justamente en el mismo lugar de donde una vez partimos.

El Señor no corre contigo. Él está en la montaña, esperando que te detengas.

mi respuesta a este capítulo:

_____

_____

_____

_____

_____

_____

_____

_____

_____

_____

_____

_____

_____

_____

_____

_____

_____

_____

9

vida
más allá
de nuestra
nariz

ión constante vs cómoda superficialidad

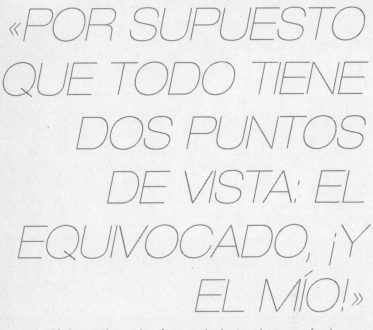

«POR SUPUESTO QUE TODO TIENE DOS PUNTOS DE VISTA: EL EQUIVOCADO, ¡Y EL MÍO!»

líder de algún ministerio anónimo

Dante <escribe>

Un poderoso hacendado se disponía a irse de vacaciones, y le dijo a su capataz:

–Zoilo, me voy unos días a vacacionar. Si llega a pasar algo en mi estancia, no dudes en llamarme a mi celular internacional.

–Vaya tranquilo, don –respondió Zoilo–. Tiene que ser algo muy grave para que yo lo tenga que estar molestando.

Finalmente el magnate se fue, y a la semana le sonó el celular...

–¿Patrón? Le habla Zoilo... –dijo el capataz.

–¿Sí? ¿Qué sucedió? –respondió alarmado el patrón.

–Nada importante, pero igual se lo quería avisar: se le murió el lorito.

–¡¿Qué lorito, si yo no tengo ningún lorito?!

–Ah, ¿no? ¿No era un lorito ese pájaro de muchos colores que siempre estaba en su oficina?

–¡Ese no es un lorito, hombre! Es un papagayo en extinción importado de la selva africana que me salió nada menos que veinte mil euros!

–Bueno, entonces ese es el que se murió...

–¿Cómo que se murió mi papagayo en extinción? ¿Qué le pasó?

–Estaba comiendo carne en mal estado, carne podrida, y se ve que le hizo mal y le reventó el hígado, jefe.

–¿Cómo carne podrida? ¡Si te dejé la comida balanceada que traje desde Europa especialmente para el papagayo! ¿Cómo es que comió carne podrida?

–Debe haber sido la carne de los caballos muertos. El lorito se puso a picotear y le hizo mal.

–¿Qué caballos muertos? ¿Mis caballos de polo? ¡¿Mis caballos valuados en miles de dólares?!¡¿Cómo es que mis caballos de alta competición están muertos?!

—Es que los puse a sacar agua del molino, y se ve que de tanto dar vueltas les dio un paro cardíaco y los pobrecitos caballos se murieron de un ataque al corazón.

—¿Pusiste a mis caballos de polo a sacar agua del molino? ¿Estás loco, hombre? ¿Y para qué querías sacar agua del molino si en la estancia hay agua corriente?

—¿Y cómo quería que apagara semejante incendio con agua corriente?

—¿Qué incendio? ¡¿Qué incendio?!¡¿Qué es lo que se incendió?!

—La estancia, jefe. Se incendió completita.

—¡¡¿Pero cómo?!!¡¡¿Cómo es que se incendió mi estancia?!!

—Usted sabe... Una vela agarra una cortina, una cortina alcanza los sillones, los muebles, y en menos de cinco minutos todo está en llamas.

—¿Qué vela? ¿Para qué encendiste una vela si tenemos luz eléctrica?

—¿Y a usted le parece que queda bien hacer un funeral con luz eléctrica?

—¡¡¿Qué funeral?!! ¡¡¿De qué funeral me estás hablando?!!

—El de su esposa... Resulta que no me avisó que iba a salir, y como volvió tarde, la desconocí en la oscuridad, saqué mi rifle y tiré a matar. Le pegué tres tiros, pero no sufrió nada porque se ve que murió al instante.

—¡¡¡¡¿Usted está loco?!!!! ¡¡¡¡¿Mató a mi mujer?!!!! ¡¡¡¡Usted está completamente demente!!!!

—¡Bueno, bueno...! ¡Si sabía que iba a hacer tanto escándalo por un simple lorito, ni siquiera lo llamaba!

He esperado por años la oportunidad de incluir esta historia en un libro, y esta vez no pude resistirme. Es muy cómica pero además ejemplifica como ninguna otra la superficialidad que tienen algunos para ver la vida. En el caso de este diálogo desopilante, vaya uno a saber por qué razón el capataz de la estancia consideró que lo único importante que debía comunicarle a su jefe era la muerte del lorito, mientras que todo lo demás le parecía un tema menor que no merecía la pena mencionar siquiera.

A lo largo de estos años me ha ocurrido muchas veces que luego de escuchar a algunos de mis colegas predicadores tengo la misma sensación que sentí cuando leí por primera vez esta historia: una mezcla de risa con la desazón de no poder dejar de pensar en las víctimas. En el caso de la historia, el gran perjudicado es el hacendado (sin contar a su esposa y todos sus bienes materiales). En el caso de la vida real, las perjudicadas son las personas que escuchan los sermones de predicadores que solo navegan en la superficialidad del Reino.

Cuando los líderes no tenemos una revelación concienzuda y constante corremos el riesgo de decirle a la gente que lo único malo es que no prosperen, que no se compren el auto nuevo, que no se sanen de la enfermedad o que no consigan un buen empleo. En otras palabras, en vez de presentarles el cuadro entero y predicarles todo el consejo de Dios, apenas les decimos que «se les murió el lorito».

La grandeza de seguir aprendiendo

En cierta ocasión, en una cumbre mundial de evangelismo en Ámsterdam, le tocaba predicar a un evangelista relativamente novato. Un muchacho de poco menos de treinta años tenía el privilegio de representar a la nueva generación de predicadores ante los miles de ministros y líderes que habían llegado de todo el mundo. Y por si fuera poca la presión, detrás de él estaba sentado el legendario Billy Graham, quien cruzó sus largas piernas mientras se disponía a escuchar atentamente al joven orador.

El muchacho saludó amablemente a la multitud y comenzó a exponer un mensaje basado en uno de los evangelios. Una introducción, tres puntos claros y una conclusión. Casi salido de un manual de homilética. Sencillo, pero nada revelador en términos de novedades teológicas. Cualquiera de los que estaban ahí hubiera sabido cómo predicar ese mismo mensaje, todos sabían cómo iba a terminar aun antes de que el propio orador estuviera cerca de concluir, y hasta algunos podríamos haberle agregado alguna que otra anécdota para hacerlo más atractivo.

Sin embargo, apenas el joven evangelista comenzó su mensaje, el Dr. Graham tomó un bolígrafo y un cuaderno de notas, y anotó cada uno de los puntos que el joven iba mencionando. La mayoría de los líderes que colmaban aquel enorme auditorio no le dio mayor importancia a aquel sermón del joven novato. A excepción de Billy Graham, el evangelista más renombrado y respetado del mundo.

Ese día todos los presentes, o por lo menos quienes notaron ese detalle de humildad, aprendieron una gran lección: Nunca creas que ya no puedes seguir aprendiendo. ¿Qué podría predicar este muchacho que Billy Graham no haya escuchado antes? No tengo ni idea, pero él consideró que no debía dejar de tomar apuntes de un mensaje que podía estar enseñándole algo nuevo.

La necedad de no escuchar a nadie

Mi recordado amigo, el reverendo Omar Cabrera, me dijo una vez: «*Recuerda que el día que dejes de aprender de otros, ese día comenzarás a morir*». Y no creo que haya una frase más acertada para definir un síndrome que afecta a gran parte de nuestro liderazgo: «*El sitial donde ya lo sé todo*».

He predicado en miles de congregaciones en distintas partes del mundo, y en muchas de ellas me he topado con pastores anfitriones que me presentaban a la congregación y luego se iban a su oficina para atender otros asuntos. Comprendo que quizás mi mensaje sea demasiado sencillo para sorprender o bendecir a un pastor de una mega iglesia, pero si acaso mi sermón es tan básico... ¿por qué entonces me confía a su congregación?

Por un momento imagina que te invito a cenar a mi casa, lo cual agradeces de corazón. El día establecido llegas con tu familia, la mesa está servida y cuando estamos a punto de cenar te digo: «*¿No te molestaría cenar solo? Ocurre que tengo otras cosas importantes que hacer y me retiraré a mi habitación. Cuando termines de comer, avísame para que venga a despedirte*». El solo pensar en este ejemplo ridículo nos lleva a la conclusión de que es el peor acto de descortesía que podrían hacerte.

Sin embargo en el caso de algunos líderes no creo que sea un tema necesariamente de descortesía, y mucho menos creo que no puedan manejar sus prioridades de agenda como para que les sea imposible invertir una parte de su sobrevaluado tiempo en escuchar por poco más de media hora a un predicador que ellos mismos invitaron a su propia iglesia. Creo que mas bien es un tema de orgullo, del hecho de que su gente no vea que «El siervo de Dios» está recibiendo de alguien «menor» en cuestiones de rango espiritual.

Cuando le hacemos creer a la gente que nosotros ya alcanzamos un cierto nivel espiritual, lo más difícil es mantenerlo por el resto de nuestra carrera ministerial. Ciertos líderes son demasiado importantes como para estar en el culto desde el comienzo. Están demasiado ocupados como para «perder» su tiempo en cantar alabanzas o adorar con el resto de la congregación, y por eso suben al escenario un minuto antes de predicar. Otros han llegado a un nivel tan alto que solo se dignan a escuchar a un predicador foráneo que hable otro idioma, jamás a alguien que hable en su propia lengua. Y algunos otros definitivamente ya no escuchan nada más que no sean sus propios sermones, y así terminan siendo «sabios en su propia opinión».

Muy pocos líderes tienen la grandeza de decir: *«Escuché la siguiente idea (o la siguiente anécdota) de la boca de fulano de tal, y quisiera compartírselas»* La mayoría no hacen eso porque quedaría en evidencia que estuvieron escuchando a alguien más (como si esto fuera algo malo). Suena más rimbombante decir: *«El Señor me dio esta revelación»*, o en todo caso: *«Escuché por ahí»*. No es que tengamos la obligación de mencionar las fuentes de cada palabra que decimos, pero el negarle el crédito a quien se lo merece a veces no es un tema de olvido sino de mera vanidad.

Siendo infalibles en nuestra propia aldea

Supongo que los que no tenemos muchos estudios teológicos estamos más obligados a seguir aprendiendo de manera continua. El estar consciente de mis limitaciones hace que yo tenga que leer y escuchar a cuanto autor o predicador profundo se me cruce en el camino. Siempre lo he hecho, y sigo practicando ese saludable ejercicio porque es lo que me mantiene la mente abierta y me nutre, haciendo que mis mensajes conserven la frescura que deben tener para seguir alcanzando a la juventud y a la familia. Tal vez si yo tuviera colgado un diploma de doctorado en mi pared la historia sería diferente, no lo sé. Quizás creería que no puedo escuchar o leer el libro de alguien que esté por debajo de mi nivel académico. Realmente no lo sé, y te aseguro que no estoy haciendo uso de la ironía sino que verdaderamente no puedo imaginarme cómo sería.

✱ LucasLeys <comenta>

Por gracia de Dios y su plan para conmigo yo sí he podido tener estudios teológicos, pero tengo que confesar algo: ¡Ya no me acuerdo de todo lo que estudié! ¡Ja! Y, además, mucho de lo que estudié ya no es tan relevante hoy como lo era en aquel entonces, lo que me lleva a estar en la misma situación que alguien que no tiene los estudios que yo tengo. El hábito del estudio debe ser encarado como una disciplina espiritual. Los títulos no siempre quieren decir lo que representan, y alguien hambriento de aprendizaje no les presta tanta atención. No es que sean malos, claro, pero no son garantía de nada. Como dice Richard Foster en su colosal libro «Alabanza a la Disciplina»: «El estudio analítico hecho con un corazón sincero tiene la capacidad de mantenernos creciendo».

No sé cómo hubiese sido mi comportamiento de tener varios doctorados, aunque íntimamente estoy convencido de que la esencia de un líder no cambia por el simple hecho de tener más estudio o preparación. He conocido líderes muy capacitados académicamente y con una humildad arrolladora (justamente el conocimiento los hizo más grandes en términos de integridad y sencillez) y otros que jamás pisaron un seminario pero que ostentan un orgullo totalmente injustificado.

En lo personal, cada vez que Editorial Vida me envía los nuevos libros que salen al mercado, me devoro aquellos cuyos temas me interesan o cuyos autores sé que tienen algo bueno para decir. Incluso tengo algunos muy buenos amigos que me dicen: *«Dante, necesitas escuchar (o leer) este mensaje»*, y se toman el trabajo de enviármelo por correo a mi casa. De más está decir que apenas llegan me hago un banquete espiritual. Definitivamente soy un «sabueso» de todo aquello que puede engrandecer mi espíritu y aportarme conocimiento para la tarea a la que fui llamado. Claro que el Señor me da nuevas y frescas revelaciones personales para cada mensaje, pero soy muy cuidadoso con la manera en que lleno mi depósito a diario.

También he aprendido a escuchar (por lo menos una o dos veces a cada uno) a aquellos predicadores populares cuyas doctrinas son diametralmente opuestas a las mías como Lucas que se que también lo hace. Y esto lo hacemos para tener un sano balance a la hora de preparar nuestros propios sermones y actualizarnos respecto al espectro de aquello que la gente escucha o ve a través de la televisión.

No podemos encerrarnos en nuestra propia «aldea», nutriéndonos únicamente con nuestros sermones, porque terminaremos en un círculo peligroso donde el centro es nuestra propia opinión, la cual por lo general es celebrada por el círculo más íntimo que nos rodea. Esa es una ecuación que nos conducirá irremediablemente al colapso ministerial.

> * **LucasLeys <comenta>**
> Escucharse solo a si mismos y no salir de su iglesia local o ministerios es algo que no solo ha llevado a muchos líderes a envanecerse en su propia opinión, provocar falta de unidad y a actuar con arrogancia, sino que ha sido un ticket para un viaje sin escalas directo al pecado moral.

Todos los líderes necesitamos tener revelación directa del Espíritu Santo a través de la Palabra de Dios, pero no podemos subestimar aquello que el Señor le ha revelado a otros consiervos. La revelación constante puede venir por el método que a Dios le plazca. Él puede hablarnos a través de una película que tenga un buen mensaje, a través de la naturaleza, por medio de una canción o a través del mensaje de otro hombre de Dios. Pareciera una obviedad aclararlo, pero lo hago porque en ocasiones algunos prefieren decir: *«Dios me habló a través de una visión»* antes que reconocer que también son mortales que necesitan oír y aprender de alguien más. Como dice un amigo mío de la infancia: *«Aunque no lo creamos, hay vida más allá de nuestras narices».*

Un dios senil y reumático

Una vez escuché que la medicina es una carrera que recompensa a la persona de muchas maneras, pero que requiere un aprendizaje continuo (formal e informal) durante toda la vida. Los médicos deben actualizarse diariamente e informarse sobre los avances de la ciencia, ya que de otro modo se transforman en profesionales incompetentes, desconocedores de las nuevas patologías y de los avances tecnológicos, terapias, y tratamientos que surgen periódicamente. Puedo dar fe de esto, ya que me ha tocado ir a consultas con médicos de este tipo, que alegan que todo lo que se dice en la actualidad en el marco de la medicina no tiene sentido y que solo vale lo que ellos aprendieron hace treinta años cuando estudiaron en la facultad. ¿Cuál es el resultado de esta actitud? Cuando el paciente nota que el médico no aprendió nada nuevo en las últimas décadas, prefiere cambiar de profesional. Si las personas quisieran el consejo de alguien que «más sabe por viejo que por doctor» le plantearían la enfermedad a su abuelita, quien seguramente les dirá que no hay jaquecas, colesterol ni tumores que se resistan a su tecito de hierbas naturales.

Recuerdo a mi pastor de la adolescencia, que era un misionero alemán muy íntegro y con una preparación académica extraordinaria. Su ministerio tenía la solidez de la experiencia, pero algo extraño comenzó a suceder a medida que iba adentrándose en años... De pronto comenzó a cerrar su mente a cualquier proyecto, idea o a cualquier cosa que surgiera del resto de los líderes, que por cierto eran todos mucho más jóvenes que él. Básicamente su problema no fue envejecer, sino el creer que Dios envejecía junto a él.

Y entonces sus gustos personales pasaron a ser los de Dios; le encantaba usar frases del tipo: «Esto no le agrada a Dios», «Aquello sí le gusta a Dios». Y casualmente esos gustos eran siempre los propios, porque no se referían a cuestiones de doctrina o de principios bíblicos, sino a cuestiones de música, volumen del sonido, liturgia, instrumentos o formas de cantar.

LucasLeys <comenta>
¡Clarísimo! Un excelente diagnostico de lo que les sucede a muchos líderes ya mayores. Poquito a poco van creyendo que sus gustos musicales, sus métodos, sus costumbres, sus horarios y hasta su moda son «a la manera de Dios». ¡Pero qué esperanza notar que no son todos así, y que la verdadera juventud no tiene nada que ver con la edad! Y es que también hay viejos de veinte años que también creen que «sus ondas» son lo único que vale la pena.

«¡Los instrumentos santos que le agradan al Señor son el violín y el acordeón!», predicó este pastor aleman un domingo, en un mensaje completo con sus respectivos puntos homiléticos, desarrollo y conclusión. Casualmente eran los dos instrumentos que él mismo había ejecutado cuando era joven. ¡Imagínate en qué grado de perdición me encontraba yo, que por aquel entonces tocaba nada menos que la batería!

Supongo que como en sus últimos años él sufría mucho de reuma y artritis, habrá pensado que a Dios le pasaba lo mismo y que ambos merecían que esos jovencitos inmaduros dejen los instrumentos del demonio, abandonen la música moderna del infierno y se pongan a tocar unos bellos himnos tradicionales con violín, que era la música que a Dios le agradaba. Obviamente tampoco faltó un sermón acerca de lo malévolo que era cambiar los himnos tradicionales del himnario por «esos coritos modernos sin sentido».

Salvando las distancias, en algún punto todos los líderes estamos en riesgo de cometer ese mismo error cuando cerramos nuestra mente a lo que Dios puede estar haciendo con ministros más jóvenes, con métodos diferentes a los nuestros, en otras culturas o de formas que escapan a nuestro limitado conocimiento.

No me considero un anciano, sin embargo puedo asegurarte que en nuestro ámbito cristiano he descubierto algunos géneros musicales que no logro comprender. De hecho, me ha tocado predicar en congresos donde quienes me precedían cantaban al ritmo de una música que jamás escuché en mi vida y que personalmente considero horripilante. Sin embargo, el haber conocido a ese querido pastor alemán me enseñó a no cometer su mismo error. Mis gustos personales no son necesariamente los de Dios, así que en vez de catalogar a esos músicos como «del demonio», trato de ver la situación en perspectiva y de darme cuenta que es lógico que aun mis propios hijos tengan una apreciación completamente diferente a la mía con respecto a la música. Yo me voy poniendo grande, pero Dios sigue siendo el mismo. Eventualmente yo voy a envejecer, pero mi Dios no cambia.

Por cierto, la mayoría de la gente que me ha tildado de anticristo y me ha criticado sin piedad nunca se ha tomado el trabajo de escuchar un sermón mío entero o de leer alguno de mis libros (y lo mismo le sucede a Lucas). *«A mí no me agrada Dante y creo que es un apóstata porque vi que se burla del rapto»*, o *«No es un hombre de Dios porque me dijeron que cuenta chistes de suegras»*. ¡No podemos tener argumentos tan endebles a la hora de levantar juicio contra alguien!¡Si van a criticar, lo mínimo que les pedimos es que investiguen, lean, escuchen, vean y recién luego saquen una conclusión! Todo lo demás no solo es chismerío barato, sino desinformación e ignorancia. Y a propósito de chistes, una vez me contaron que alguien preguntó:

–Dime una cosa, ¿para ti que es peor, la ignorancia o la indiferencia?

–¡Pues no lo sé, ni me importa!

El entorno nuestro de cada día

Pero no es solo el orgullo o el suponer que Dios se pone senil lo que produce el aislamiento y la cómoda superficialidad, sino que influyen otros factores como el entorno de la misma congregación. Es lógico que determinadas culturas nos vayan envolviendo de tal modo que dejemos de ver más allá de nuestras propias narices y de nuestras cuatro paredes. Cuando tenemos carga por la iglesia local, estamos a solo un paso de ignorar que hay un mundo real afuera, y que el Reino no lo componen solamente nuestro departamento de damas, los cinco músicos, la Escuela Dominical y los tres ancianos.

LucasLeys <comenta>
Aquí vale el ejemplo de quien mira un partido de ajedrez y ve jugadas desde afuera que los que están inmersos en su propio lado de la mesa no ven. Por eso siempre a quienes trabajan conmigo les recomiendo algo que a mí me ha hecho muy bien, que es visitar eventos y conferencias de otros rubros, como de mercadeo, pedagogía o negocios. He llevado a quienes trabajan en la producción de alguno de los eventos de Especialidades Juveniles a ver obras de teatro o entregas de premios para ayudarles a ganar otra perspectiva y tomar ideas. También conviene visitar eventos de iglesias completamente diferentes a la nuestra con un espíritu de aprendizaje. Los lideres y pastores que solo conocen su realidad local pronto son como esos jugadores de ajedrez que no ven ni los peligros que los acechan ni las buenas jugadas que podrían hacer.

Me ha sucedido el llegar a una congregación en plena ciudad (hago la aclaración porque en este caso no se trataba de una iglesia rural en medio de la nada) y que el pastor anfitrión me aclarara: «*La gente acá es muy sencilla, no los compliques demasiado. Háblales de prosperidad y dales un par de palabras de aliento, que eso les gusta a todos*». Y aunque técnicamente no me estaba pidiendo que me apartara de las Escrituras, lo que más llamó mi atención fue que quien me lo pedía siempre había sido alguien a quien yo respetaba muchísimo por su capacidad de oratoria y por su conocimiento de la Biblia.

De hecho, como él presidía la reunión, me sorprendí al ver que este líder le hablaba a la congregación como si fuesen niños del jardín de infantes. Se cansó de preguntarles «*¿Cuántos están contentos?*», y pidió más de una centena de veces que le dijeran algo al que estaba al lado. Y no se trataba de gente recién entregada al Señor (aunque si lo hubieran sido tampoco merecían ese trato que insultaba la inteligencia de cualquier persona promedio), pero el hombre había perdido no solo su frescura, sino su profundidad y la revelación que siempre lo había caracterizado.

Prefiero pensar que el entorno mismo atentó contra él. Supongo que la rutina semanal, el foco exclusivo en la iglesia local y el dejar de aprender terminaron por convertirse en un cóctel que lo condujo a un liderazgo totalmente superficial y precario.

Reinventándonos

Hace poco alguien me dijo: «*He notado que has cambiado mucho en los últimos años. Estás diferente, ¡e incluso tus mensajes son distinto de lo que eran!*». Lo que para él era un intento de crítica, para mí fue totalmente halagador.

Creo que lo peor que puede pasarnos como líderes es no evolucionar. Involucionar es un grave problema, pero permanecer sin cambios que nos eleven a un nuevo nivel en todas nuestras áreas en un problema igual de serio.

Los principios y la esencia que todos tenemos, nuestras más profundas convicciones, no son negociables y deben mantenerse hasta que termine nuestro tránsito por esta Tierra. Pero si no dejamos de nutrirnos, si abandonamos nuestra sed de aprender y mejorar, caeremos facilmente en la mediocridad o en la zona gris del liderazgo, esa franja donde permanecen aquellos que no han definido ni su propósito ni su llamado.

Nací en una cuna pentecostal y mis primeros mensajes estaban totalmente centrados en mi propia denominación, que era la única que conocía. Mis primeras cruzadas eran destinadas solo a cierto público, a los cristianos más carismáticos. Por aquel entonces, producto de la mezcla de juventud con inexperiencia, yo cataloraba a los cristianos en solo dos listas: los que hablaban en lenguas y los que no lo hacían. Pero si Dios me iba a prestar el oído de toda una generación de jóvenes yo debía aprender a no ser categórico respecto de quienes debían o podían escucharme. No podía pretender llegar a todos y discriminar a quienes debían oírme.

Cierto día, un amigo periodista a quien siempre respeté me dijo: *«El que hables en lenguas extrañas desde un micrófono solo te limitará a cierto sector de la juventud y no te hará ver más espiritual. Hay otras denominaciones que necesitan oír el mensaje de santidad que tienes para darles de parte de Dios, ¡y ni hablar de los millones de muchachos inconversos que no comprenden nada acerca de los dones del Espíritu!»*

Y ese mismo día, no dejé de ser pentecostal ni comprometí mis convicciones más profundas, pero entendí que pararme ante un estadio colmado conllevaba una responsabilidad muy grande y que no podía darme el lujo de hacer en público lo que bien podía hacer en la intimidad con mi Señor.

Con esto no estoy necesariamente juzgando a quien ejerce el don de lenguas públicamente. Solo cuento un ejemplo personal y una decisión que yo mismo elegí tomar para poder compartir el mismo mensaje de siempre (que jamás estuve ni estoy dispuesto a comprometer) pero sabiendo que me estoy dirigiendo a un público totalmente diverso.

Por aquel entonces en mi entorno más cercano la manifestación del don de lenguas era un sinónimo de mayor consagración, pero al abrir mi mente me di cuenta de que al hacerlo a través de un micrófono ante miles de personas, y sin interpretación como dijo el apóstol Pablo, no sumaba a nadie más que a mí mismo.

Con el correr de los años, y a raíz de las invitaciones a distintas partes del mundo, también aprendí a neutralizar mi lenguaje. Ciertos «argentinismos» fuera de mi país no se entendían y algunas palabras hasta resultaban malas palabras en otras culturas. Por lo que tuve que seguir aprendiendo el arte de la oratoria y a expresarme adecuadamente para que muchos no se perdieran la esencia del mensaje por quedarse atorados en una palabra mal empleada.

Luego comencé a conocer muchísimos hermanos bautistas (de los renovados y de los más conservadores), hermanos libres, presbiterianos y otras tantas denominaciones, y para mi sorpresa me encontré con siervos maravillosos, gente piadosa y llena del Señor. ¡Y algunos no habían hablado en lenguas en toda su vida! Entonces lo entendí: ¡Qué necios podemos llegar a ser cuando nos quedamos con nuestra propia superficialidad y nos negamos a ver la multiforme gracia de Dios!

¿Si he cambiado en los últimos años? ¡Claro que lo he hecho! Y lo seguiré haciendo, conforme a la providencia de Dios.

LucasLeys <comenta>
A mí me admira cómo Dante ha cambiado a lo largo de los años. De hecho, en este libro apunta críticamente cosas que antes hacía y ahora ha dejado de hacer. Él ha crecido, ha corregido rumbos, se ha diversificado, ha potenciado sus fortalezas y eso es digno de reconocimiento.

Mi mensaje centrado en la santidad y la búsqueda de Dios no ha cambiado ni un ápice. Sigo creyendo que Dios es el mismo ayer, hoy y por los siglos. Pero es obvio que yo necesitaba y aún necesito seguir evolucionando y creciendo. No soy el mismo de hace veinte años, me siento más maduro que el año pasado, y siento que me falta aprender muchísimo respecto al año entrante.

Hace quince o veinte años atrás, ni siquiera hubiera pensado en escribir un libro como este (¡ni me hubiera dejado convencer por Lucas para hacerlo!).

LucasLeys <comenta>
¡Ja, yo aseguraría que fue Dante el que me convenció a mí de hacerlo!

Antes yo hubiera pensado que la autocrítica no era tan necesaria, o que «los trapos sucios se lavan en casa». Pero, otra vez, con el correr de los años he aprendido que hay una generación que clama por transparencia en los mensajes, y que necesita que se le hable de manera frontal, directa y sin eufemismos.

El enemigo no manda sus mensajes de manera subliminal, sino que abierta y descaradamente ofrece su mercadería a quien quiera tomarla. Nosotros no podemos seguir hablando a través de metáforas cuando se trata de alertar sobre peligros reales que pueden ocasionar la muerte espiritual de los líderes cristianos.

A propósito, si acaso vas a contar en público el chiste del capataz de la estancia y el lorito, no olvides mencionar en dónde lo leíste y quien lo escribió.

Obviamente, a mí me lo reveló el Señor...

Es broma, no me creas. ¡También lo copié de alguna parte!

mi respuesta a este capítulo:

_____

_____

_____

_____

_____

_____

_____

_____

_____

_____

_____

_____

_____

_____

_____

_____

_____

_____

10

el epílogo
de los que
trascienden

loca osadía vs peligrosa inercia

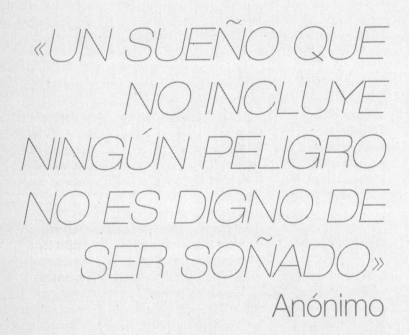

«UN SUEÑO QUE NO INCLUYE NINGÚN PELIGRO NO ES DIGNO DE SER SOÑADO»

Anónimo

Lucas <escribe>

La iglesia, así como la humanidad entera, necesita pioneros y exploradores de nuevas fronteras. Líderes que empujen los límites de lo accesible para llegar a aquello que es necesario pero hasta el momento parece inalcanzable.

Estoy de acuerdo con el poeta norteamericano Theodore Roethke en que *«necesitamos más gente que se especialice en lo imposible»*. Hay demasiados líderes cristianos en la iglesia de hoy que saben muy bien lo que tienen que hacer y podrían darte una conferencia mejor que nosotros sobre cuál deber ser tu visión en el ministerio. Pero, ¿por qué no sabes de ellos entonces? No sabes de ellos porque probablemente solo saben lo que se tiene que hacer, pero no lo han hecho.

Aunque conocen perfectamente la teoría se han concentrado en sus imposibilidades, y están llenos de excusas de por qué no han hecho lo que tenían que hacer. Un día dijeron que no cuando debían decir que sí, o dijeron que sí cuando debían decir que no, y poco a poco se fueron acostumbrando a no ir más allá de los limites que inconscientemente estaban estableciendo para sí mismos. Y aquí viene un punto vital: No se dieron cuenta de que sin querer también estaban limitando las posibilidades de sus seguidores.

Por eso es que nos toca, y te toca también, ser cada día mejores líderes y seguir intentando hacer lo que otros consideran osadas locuras. Nos guste o no, aquellos que aceptamos una posición de liderazgo estamos condicionando el éxito o el fracaso de otras personas en algunas áreas de sus vidas. Por eso el liderazgo es tan urgente, y por eso nuestras iglesias necesitan líderes que sepan asumir riesgos y tomar decisiones estratégicas. Las nuevas generaciones necesitan líderes que dejen atrás esa inercia religiosa y aburrida de fin de semana que ha abortado tantos sueños y ha encerrado a líderes talentosos en juntas y reuniones y teorías que no tienen nada que ver con la extensión del Reino de Dios.

Las dos noticias que alguien te tiene que dar

Cuando a Dante y a mí nos hablan de que alguien nos sigue, nos presta el oído o, mejor, nos presta el cerebro, instantáneamente sentimos mucha responsabilidad. El liderazgo no se trata de nosotros. Se trata de a quiénes influenciamos. Entender eso y estar dispuestos a pagar el precio es lo que lleva a un ministerio a trascender.

Debido a esa responsabilidad que sentimos, hay dos noticias simples y poderosas que te tenemos que dar. Presta atención: Al liderar hacia nuevas fronteras (1) te vas a equivocar, y (2) te van a criticar.

Estas noticias ya estaban presentes en diferentes párrafos anteriores del libro, pero aquí las quería poner juntas y hacerlas bien evidentes porque es muy común que muchos líderes dejen de intentar cosas osadas por toparse con errores o con críticas.

✳ DanteGebel <comenta>

«…considero que mi vida carece de valor para mí mismo, con tal de que termine mi carrera y lleve a cabo el servicio que me ha encomendado el Señor Jesús…» (Hechos 20:24). El apóstol logró poner en la perspectiva correcta su ministerio y aun sus ambiciones personales con respecto al llamado divino. Si no estamos dispuestos a poner en peligro incluso nuestra propia reputación por amor a su nombre, entonces ni siquiera somos dignos de ser llamados siervos de Dios.

Pero el punto es que nadie nació sabiendo, y ya dijimos que todos somos imperfectos, así que equivocarse es parte del arte del liderazgo. De igual manera, es parte de la vida de un líder el que te critiquen.

Brian D. McLaren, con quien tuve la oportunidad de conversar en un par de ocasiones y es una persona que dice algunas cosas muy inteligentes a pesar de que no estoy de acuerdo con todo lo que cree, señala que *«las estrategias verdaderamente exitosas siempre obtuvieron sus logros de la manera más antigua: a través de dolor, críticas, lágrimas, errores y oración»*. Y eso nos toca a todos, incluyendo a esos que en la televisión evangélica intentan hacerte creer que ellos tienen tanta unción que nunca se han equivocado.

Fuego purificador

Hace muchos años estuve con mi familia en el bosque de arrayanes que se encuentra en el Parque Nacional del lago Nahuel Huapi en el sur de la Argentina. Allí escuché la historia de un incendio que hacía mucho tiempo había azotado el lugar pero que se había convertido en lo mejor que le había pasado a ese lugar ya que era el causante de que ese bosque hubiera llegado a ser tan frondoso y bello. El guardaparques nos explicó a mi familia y a los otros turistas que estaban allí con nosotros que el fuego había quemado los arbustos y la maleza de tal manera que había producido una espesa ceniza, la cual luego del aparente caos inicial había potenciado con nutrientes la tierra, y esos árboles, que en la superficie parecían quemados, luego crecieron mucho más altos y fuertes de lo que lo hubieran hecho si no hubiera habido un incendio.

En Juan 12.24 Jesús nos habló de algo muy parecido. *«Ciertamente les aseguro que si el grano de trigo no cae en tierra y muere, se queda solo. Pero si muere, produce mucho fruto»*.

Traigo la historia del bosque de arrayanes a estas páginas porque creo que los errores y las críticas también pueden servir para purificarnos. Al equivocarnos, algo muere en nosotros. Y puede ser también que nos sintamos morir cuando la crítica que nos hacen es cruel. Pero, entregadas al Señor y puestas en la perspectiva correcta como parte de nuestro aprendizaje y servicio, esas experiencias pueden volverse como esa ceniza que llena de nutrientes la tierra y termina viendo mucho fruto.

Más que declarar

Los líderes que marcan la diferencia no se quedan en las palabras. No hacen solo afirmaciones románticas escondidos detrás de un pulpito evangélico, ni pegan gritos de victoria o de júbilo solo cuando están arriba de un escenario, sino que se dedican a avanzar. Golpean y golpean y tienen bien claro lo que dice 1 Corintios 4:20 respecto a que el reino de Dios no consiste en palabras sino en poder. Son esencialmente emprendedores del Reino.

Personalmente confieso que me tiene agotado el énfasis que últimamente se hace en los eventos cristianos respecto a «declarar». Creo que llegó la hora de dejar de declarar lo que debe ser hecho y de hacer lo que debe hacerse.

Hace un tiempo atrás reparé por primera vez en la escena que está relatada en 1 Samuel 14. El Rey Saúl está con su ejército descansando bajo un árbol cuando su hijo y su escudero, que probablemente se encuentran ya aburridos de esperar, comienzan a caminar rumbo al campamento filisteo. Cuando ya están cerca y quieren cruzar, deciden pasar por dos peñascos que van a descubrirlos a los ojos de los filisteos, y tienen la siguiente conversación. Primero habla Jonatán:

«*—Vamos a cruzar hacia la guarnición de esos paganos. Espero que el SEÑOR nos ayude, pues para él no es difícil salvarnos, ya sea con muchos o con pocos.*

—¡Adelante! —respondió el escudero—. Haga usted todo lo que tenga pensado hacer, que cuenta con todo mi apoyo.

—Bien —dijo Jonatán—; vamos a cruzar hasta donde están ellos, para que nos vean. Si nos dicen: "¡Esperen a que los alcancemos!", ahí nos quedaremos, en vez de avanzar. Pero si nos dicen: "¡Vengan acá!", avanzaremos, pues será señal de que el SEÑOR nos va a dar la victoria. Así pues, los dos se dejaron ver por la guarnición filistea.»

¡Imagínate la osadía! Estos dos jóvenes se dejan ver por los soldados enemigos, y Jonatán tiene la idea de que si no salen a correrlos es porque Dios les va a dar la victoria. ¿De dónde salió con ese plan? ¡Pero eso es exactamente lo que ocurre!...

«*Entonces los soldados de la guarnición les gritaron a Jonatán y a su escudero:*

—¡Vengan acá! Tenemos algo que decirles.

—Ven conmigo —le dijo Jonatán a su escudero—, porque el SEÑOR le ha dado la victoria a Israel. Jonatán trepó con pies y manos, seguido por su escudero. A los filisteos que eran derribados por Jonatán, el escudero los remataba. En ese primer encuentro, que tuvo lugar en un espacio reducido, Jonatán y su escudero mataron a unos veinte hombres.»

Si sigues leyendo esta increíble historia vas a ver que este sorpresivo ataque de Jonatán y su escudero causó tal confusión y desconcierto en el campamento filisteo que el ruido de los gritos llegó al campamento de Saúl, el cual decidió por fin atacar y todo terminó con una gran victoria para Israel. ¿Qué fue lo que desencadenó todo? Dos emprendedores. Dos líderes que tomaron la iniciativa de hacer lo que ya había sido declarado, pero que el rey no estaba haciendo.

El cristiano más reconocido en Pakistán

Algunos tienen la idea de que hoy ya no hay héroes como los de antes, pero eso no es verdad. Ahí tenemos la historia de Shahbaz Bhatti, quien mientras estábamos escribiendo este libro fue asesinado en Pakistán. Al momento que escribo estas líneas, los talibanes y Al Qaeda siguen reclamando responsabilidad por su asesinato, y lo hacen porque estarían orgullosos de poder decir que han matando al único cristiano involucrado en el gobierno islámico de ese país. Shahbaz, de 42 años, fue baleado en la puerta de la casa de su mamá en Islamabad a las 9 de la mañana de un miércoles. Este hombre (más joven que Dante, aunque por cierto más viejo que yo) era conocido por sus campañas en contra de la ley de blasfemia, una ley por la cual ningún grupo minoritario podía expresar sus creencias religiosas. Pero lo más curioso que está saliendo en las noticias es que unos meses antes de su muerte, Shahbaz Bhatti grabó un video para que saliera a la luz en caso de que él fuera asesinado. Es decir, Shahbaz ya anticipaba que lo iban a asesinar, pero a pesar de eso continuó en la lucha por lo que él creía importante.

En el video (que es posible encontrar en la web) se puede escuchar a este héroe cristiano contemporáneo decir: *«Yo estoy listo para morir. Yo vivo por mi comunidad, y defiendo a los que sufren y sus derechos, así que ninguna amenaza o temor va a cambiar mis opiniones y principios».* En este video, filmado en diciembre de 2010, Shahbaz contó que había decidido no casarse porque sabía que iba a ser asesinado. En una de las últimas frases del video dice, mirando a la cámara: *«Es para mí un gran honor haber dado mi vida por la causa de Cristo, y estoy listo para ser un mártir por mis convicciones».*

✱ DanteGebel <comenta>
El general MacArthur decía: *«Nadie envejece por el simple hecho de vivir una cierta cantidad de años, la gente envejece al abandonar sus ideales. Los años podrán arrugarte la piel, pero la pérdida de interés arruga el alma».* Por su parte, J.C. Penney dijo a los 95 años: *«Es posible que mi vista se esté debilitando, pero mi visión se está incrementando».* Siempre bromeamos con Lucas respecto de cómo seremos y sobre qué hablaremos cuando seamos viejos (¡obviamente él envejecerá mucho antes que yo!), y siempre llegamos a la conclusión de que será un honor haber batallado para el mismo Reino, bajo la misma bandera y, por sobre todo, nunca haber desertado aunque las cosas se hubieran puesto difíciles.

Atacando esas montañas con furia

Hace unos años tuvimos en uno de los eventos de Especialidades Juveniles en Uruguay a uno de los sobrevivientes del accidente aéreo de los Andes en 1972.

El viernes 13 de octubre de 1972, un avión uruguayo que llevaba 45 pasajeros a Chile, de los cuales muchos eran estudiantes y jugadores de un equipo de rugby, se estrelló en la Cordillera de los Andes. Doce de los pasajeros murieron a causa de la caída, y los que quedaron vivos tuvieron que soportar la temible cordillera con treinta grados bajo cero durante las noches y un hambre insoportable.

Trataron de resistir con las escasas reservas alimenticias que poseían esperando ser rescatados, pero su esperanza se esfumó al enterarse por una radio que se había abandonado la búsqueda. Finalmente, hartos de las bajísimas temperaturas y los amenazadores aludes, y angustiados por la progresiva muerte de sus compañeros, dos de los jóvenes deciden cruzar las inmensas montañas para así llegar a Chile.

De esta manera es como, el 22 de diciembre de 1972, y después de haber estado durante 72 días aislados de todo, el mundo se entera de que dieciséis personas habían vencido a la muerte en la Cordillera de los Andes.

¿Cómo fue que esos dos hombres llegaron a dar la noticia de que estaban vivos? Uno de ellos, Fernando Parrado, lo cuenta así en el libro *«La Sociedad de la Nieve»*:

«Entonces, tuve un pensamiento poderoso como un rayo: no sé cómo ni cuándo, pero mientras esté vivo, voy a luchar por eso. Voy a atacar esas montañas con furia, voy a tratar de escalarlas, voy a buscar mi vida hasta que pueda y, como sospecho que no podré, pues moriré luchando, y cuando mi rostro pegue contra el hielo me levantaré de nuevo, hasta que llegue un momento en que no consiga incorporarme más.»

En el prólogo de tu vida está tu familia, tus experiencias pasadas, tu llamado. Pero el epílogo depende de tu persistencia. Muchos que comienzan bien terminan mal, y muchos que comienzan mal terminan bien. Por eso la clave es luchar hasta al final sin importar cuál fue el punto de partida. Las montañas que se te interpongan se merecen tu furia.

mi respuesta a este capítulo:

_____

_____

_____

_____

_____

_____

_____

_____

_____

_____

_____

_____

_____

_____

_____

_____

_____

_____

PRESENTA

LA CAPACITACIÓN DINAMICA PARA LOS MEJORES LÍDERES JUVENILES

ESTE ES TU LUGAR

PARA INFORMACIÓN DE PROGRAMAS, SEDES, CURSOS Y MÁS VISITA HOY MISMO

WWW.INSTITUTOEJ.COM

Instituto

ESPECIALIDADES JUVENILES

BIBLIA PARA EL LÍDER DE JÓVENES

Nueva Versión Internacional

BIBLIA G3

de crecimiento juvenil

www.bibliag3.com

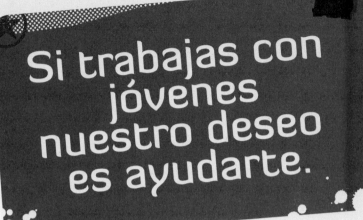

Nos agradaría recibir noticias suyas.
Por favor, envíe sus comentarios sobre este libro
a la dirección que aparece a continuación.
Muchas gracias.

Vida@zondervan.com
www.editorialvida.com